谨以此书

献给中国民航事业
改革开放三十周年

中国
空哥

李春甫 ◎ 著

中國空哥

李春甫

中国 播电视出版
CHINA RADIO & TELEVISION PUBLISHING

图书在版编目（ＣＩＰ）数据

中国空哥/ 李春甫著. —北京：中国广播电视出版社，
2008.12
ISBN　978-7-5043-4226-3

Ⅰ.中… Ⅱ.李… Ⅲ.民用航空—乘务人员—工作—中
国—文集 Ⅳ.F560.9-53

中国版本图书馆 CIP 数据核字(2008)第 186393 号

中 国 空 哥

李春甫　著

责任编辑　周然毅
封面设计　关　山　李春晓
责任校对　毕化霄

出版发行　中国广播电视出版社
电　话　010-86093580　010-86093583
社　址　北京市西城区真武庙二条 9 号
邮　编　100045
网　址　www.crtp.com.cn
电子信箱　crtp8@sina.com

经　销　全国各地新华书店
印　刷　黑龙江省教育厅印刷厂

开　本　787 毫米×1092 毫米　1/16
字　数　320（千）字
印　张　17.5
版　次　2008 年 12 月第 1 版　2008 年 12 月第 1 次印刷
印　数　10000 册

书　号　ISBN 978-7-5043-4226-3
定　价　48.00 元

2008 年 10 月 17 日，中共中央政治局委员、中央书记处书记、中央宣传部部长刘云山同志在飞行途中为本书题字：

中國 空哥

刘云山
二〇〇八年十月十七日

2008 年 6 月 16 日，交通运输部党组副书记、副部长兼中国民用航空局局长、党组书记李家祥同志为本书题写书名：

中國空哥

李家祥

中华人民共和国交通运输部副部长高宏峰同志为本书题字：

春南同志三十年奉献蓝天，
谨致以崇高的敬意。

高宏峰

中国国际航空集团董事长、总经理孔栋同志为本书题字：

志甫同志

国航骄傲

孔栋

中国国际航空股份有限公司总裁蔡振江同志为本书题字：

三十年蓝天

耕耘，为国

航无私奉献。

谨向为国航空勤服

务计年的李书同志致敬。

蔡振江

中国国际航空股份有限公司党委书记谭植宏同志为本书题字：

多才多艺，

一代宗师。

孙其峰

为中国空哥喝彩

从兵哥到空哥,他伴随着国家、国航改革开放30年的凯歌,谱写了一曲一名普通的、平凡的男乘务员的成长之歌。

李春甫同志是从空降兵部队调来的军队干部,他主动要求到国航客舱服务部做乘务工作,而且一干就是30年。

看了他写的这部充满感悟、充满激情、充满活力、充满学识的感恩书、奉献书,也可以说是一部专业教科书,我从心底往外地为他高兴并深感振奋,因为他没有辜负客舱这块热土对他的哺育、教育和培养。

在他的身上始终葆有军人的精神——不怕挫折、迎难而进、永不言弃、勇于挑重担、敢于负责任。这种精神早已形成了他鲜明的工作特性。同行们都习惯地说:"有事儿找David(他的英文名字)!"那是怎样的一种诚挚的信任啊!

在他的身上始终葆有军人的作风——工作扎实、钻研管理、敢于创新、不断攀高。在他担任中队长和分部经理期间,他率领的团队在六个机场、八个窗口乘务大队开展的"迎亚运、三热爱"劳动竞赛中获得了第一名;被TQC(Total Quality

中国国际航空公司飞行总队工会原主席、乘务大队原大队长、中国第一代空姐、周恩来总理专机乘务员之一王竹报

王竹报(左三)陪同周恩来总理出访

Control）专家肯定的工作成果发布，以及他率领的英语乘务组所做出的卓越业绩都不容置疑地证明了他的非凡才华和才能。

在他的身上始终葆有军人的意志——勤奋好学、苦钻技能（包括外语）、持之以恒、当好排头。他经过孜孜不倦地苦学，获得了11个学历及资格证书、自学了8种外语，并有机地融入到实践工作当中去，真有一股活到老、学到老的魄力！

在他的身上始终葆有军人的使命——无论是当中队长、分部经理，还是当主任乘务长、高级主任乘务长，他都那么执著地爱岗敬业，视乘客为亲人、视同事为朋友。那么多媒体连篇累牍的报道，那么多不同凡响的服务经历，都足以证明他把客舱"当家了"，为乘客"用心了"。客舱服务事业的发展延伸，乘务人员队伍的壮大变化，他是亲历者、参与者和见证者之一。在他的身上映现出了改革开放30年间，国航客舱人努力耕耘拼搏，不懈追求一流的缩影。

李春甫的飞行从乘生涯有限了，我作为他的老领导、老朋友，真诚地祝福他一切顺利、再接再厉，为乘客和同事们留下更多、更美好的回忆！

王竹报

2008年11月6日

目 录
Contents

I

艺术人生 6

媒体关注 7

中国国际航空股份有限公司飞行总队宣传处副处长、
乘务大队二分部党支部原书记牛朝荣为本书题词：

勤奋、努力，军人的智
慧编织出一幅蓝天
空乘的七彩人生。

牛朝荣 2008.8.18

难得信任　难得机会

　　2008年10月17日，我原来执行"1231西安"只有上午一班，可16日下午又接到调配人员的电话："你当天下午再飞一班——1407成都，有重要VIP。"次日，我到值班经理室取材料时，房学英经理告诉我："David，今天你的航班上有中共中央政治局委员、书记处书记、中宣部部长刘云山同志，非常信任你执行任务。"我说："请组织放心，我会做好工作的。"

　　刘云山部长，在我的记忆中，在飞机上已是第四次见面了。刘部长一行登机后，我带着头等舱服务员刘岩和谢艺同志向部长做了介绍，我说："刘部长，我是专门来送您的。"此时，刘部长很高兴地说："看你的条件，在飞机上工作一定很长时间了吧？"我笑着向部长报告说："我来国航工作已30年了，再加上在空军的8年，共38年了，真是'弹指一挥间'呀！"

　　空中闲暇时，我得知刘部长多年做宣传工作，我介绍说自己在学校、工厂是宣传队员，部队8年是文工团员，唱了7年"样板戏"，到国航后也是宣传骨干。刘部长听得饶有兴趣。当我提出想和他合影并请他题字时，他高兴地接受了，并从警卫手中取了自己的笔，写了"中国空哥"四个大字。

2008年10月17日，和中共中央政治局委员、书记处书记、中宣部部长刘云山同志在飞行途中

信心、信念铸就国航精神

2008年11月16日，专机部赵书华副经理向我下达了执行937伦敦的VIP任务。我一进大厅，他就迎上来说："David，今天航班的任务你又要辛苦了，这是部里的信任。你过去也曾经多次执行过党和国家领导人的专包机任务，今天的VIP团阵容大，有你我们就放心了。"我信心十足地说："放心吧，我一定努力做好工作。"

任务书上写着：中共中央政治局委员、国务委员——刘延东，还有国务院副秘书长、中国文联副主席、总参军训兵种部长、科技部副部长、教育部长、清华大学校长、外交部副部长、上海交大党委书记、人大附中校长等。这是我从乘30年来正常航班VIP最多的一次。

30年的乘务工作经历给了我信心和把握，我在出港的准备会上向组员作了富有激情的动员。然后，做了精心细致的分工，合理妥善地调配了骨干力量，明确有序地安排了重点工作、空防安全的工作预案。特别是对刘延东首长的情况，作了比较细致的了解，根据她的工作作风和餐饮习惯，我们对许多工作细节都作了具体的设计，尤其是对公务舱服务人员的选定和安排。

代表团登机后，我带领头等舱服务员——周欣、姚珍、高珊、朱琳玲向刘延东首长做了介绍。

11个小时的长途飞行，我们的服务工作充分体现出国航客舱人的素质，处处显现个性化、人文化，细致周到，从语言到举止规范，都得到了首长们的认可。我亲自负责安全提示，向旅客广播致意和为刘延东首长提供餐食服务。

应该说，能够完成这次飞行任务，完全是靠着信任、信心、信念以及国航客舱人的精神。

首长对我们一路上的服务非常满意，下机前微笑着对乘务员说："谢谢你们，辛苦了！"

2008年11月16日，和中共中央政治局委员、国务委员刘延东同志在航班上

穿上将军装

每当看到我身着上将装和曹刚川总参谋长的照片,就仿佛又回到了1997年9月3日随军队代表团出访俄罗斯的日子。

军队首长出访,保密性强,我非常清楚,但选中我去服务专机,确实是组织上考虑到我有军旅的经历、军人的精神气质和工作作风。严肃地说,信任是第一位的,对于完成好这次军方出访专机任务,我是合乎条件的。

全程7天让我又一次重温了部队生活。我和曹总长接触得比较多,当谈到我是从空降部队来到民航的时,他很兴奋地说:"我和你们吴长友军长、李良辉军长很熟。"当谈到空降兵的特性时,他说:"现在空降兵建设正更新武器装备,和你们在部队的时候可是今非昔比了。"他接着说,"如果打起仗来,民航也得参加,也属部队呀,1983年前一直归属空军嘛!"听了曹总长的一番话,我如同听到部队首长的动员报告,也为今天部队变革升华深受激励,更为部队为国家改革开放、发展强大所肩负的重任深感自豪。我对曹总长说:"从部队来民航时的军装和'一颗红星、两面红旗',我一直作为永久纪念珍藏着呢! 现在部队恢复军衔制,是我军强大的标志,是国威、军威的体现。"

回国时,我和曹总长照了张合影,并要求穿上他的上将军服留个纪念,他欣然地接受了。

三见李总裁

听说从部队调来一名将军担任国航的党委书记，有感于军旅生活的经历，自然而然地也勾起了我的战友情意，并期盼有机会认识一下。

终于在2003年10月份，客舱服务部季度生产讲评会上，见到了李家祥同志，当时他坐在台上听取客舱部领导的工作报告。此时，他已经是集团党组书记兼国航总裁了。轮到他讲话了，他首先感谢全体客舱人员的努力工作，而后他说："快到年底了，各单位都把问题报上来。"台上、台下的人一听都惊呆了。报问题这不是自己找事吗？找挨批吗？多年来都是以报成绩、经验为主啊！在大家的一片茫然中，总裁又说："怎么了？不愿意把问题报上来啊，怕什么？"总裁深情地说："同志们想一想，我这是关心你们呢！把问题报上来，今后你们出了问题，我们领导没理由批评你们，因为你们早已看到了问题，领导上、组织上应该给予指导、帮助，如果做不好，受批评的不是你们而是领导，这是唯物辩证法呀，同志们！"此时大家才恍然大悟，紧接着又是一片掌声，接下来总裁又说："我是当兵出身的，说起客舱服务工作，我不懂，可你们的杨丽华副总裁懂啊！"他侧身看了一下坐在旁边的杨副总裁说："服务方面她说了算，我也听她的。"而后又对台下的所有乘务员说："你们大家懂服务，做服务工作就听你们大家的，谢谢同志们！"他站起身来向台下的乘务人员们鞠了个躬。此时台上、台下响起热烈的掌声，坐在下面的我很激动地暗赞，这就是将军的思想、将军的风格。

第二次见面是2003年春天，我飞933航班巴黎任务，客人登机时一位地面值班经理上来告诉我："乘务长，一会儿李总裁送客人来。"我很高兴，这回可以和总裁零距离接触了。其他客人都登

2003年9月，和李家祥总裁从曼谷返京途中

机完毕,李总裁陪着海军王政委一行到了机舱门口,值班经理向他介绍了我:"这是今天的主任乘务长。"我自然地来了一个"立正"动作。总裁握着我的手说:"你是个军人。"我说:"是的,我叫李春甫,来自空降兵部队。"他高兴地说:"我知道,咱们是战友啊,老李呀,王政委一行,你们要把工作做好。"我说:"放心吧,总裁。"然后就立正敬礼,目送总裁离去。

空中,我向王政委介绍了为头等舱服务的工作人员,同时也回顾了在部队时的工作、生活、情感。

对一路上的服务工作王政委一行非常满意,海军办公室杨主任代表王政委一行写了一封热情洋溢的表扬信。到达巴黎下机时,王政委握着我的手说:"春甫,一定替我面见家祥同志转达我的谢意。"

从巴黎回到北京的第二天上午,我到总裁办公室,敬个军礼送上信,转达王政委的谢意。总裁看信后高兴地说:"老李,你们做得很好。"然后在信上批示:"转客舱服务部表扬。"这次见面我觉得总裁非常重视战友情意,没有架子,重视服务工作,及时反馈。

第三次见面是2003年9月,我执行979曼谷航班,因为是夜航一宿,大家都称是"红眼航线"。起飞后,从机组那里得知李总裁从曼谷回来,我既高兴又激动,因为又可以和总裁见面了。从曼谷回京地面上客前,我到候机室迎接总裁。此时,办事处经理和其他工作人员陪着总裁手持鲜花正往机门走来。总裁一看见我就很高兴地说:"老李,你来了。"我敬了个军礼说:"总裁,我接你来了。"总裁的陪同只有办公室主任关超一人。登机后,我主动向总裁介绍今天的乘务长和头等舱的服务员。起飞后,总裁到驾驶舱看望了机组人员。饭后我和总裁交谈了一会儿,得知他的组织关系、工资关系仍在部队,家属也在部队,就他自己一个人在国航工作,他的工作精神、作风打动了我。同时,总裁对我们的服务工作提出了殷切的希望,他说:"国航是2008年奥运会的承运人,大家一定要把工作做好啊!你们乘务工作可是国家的第一个门槛啊!"我表示一定努力做好本职工作,发扬军人的作风和精神。

一路上,总裁一直在看英文报纸,学习外语,我时而给他送上热毛巾和龙井茶，从他的表情上可以看出他学习外语的执著和自信，也更加促发了我下大气力学好外语的决心。

还有40分钟就要到达北京了，我向总裁介绍了到达北京的时间、天气和温度，他用热毛巾擦完脸后说："公司上午9点钟还得开会呢！"他一路上没休息，一路上都在学习，可想而知，他能获得研究生学历自然是理所当然的了。

我和总裁三次见面，三次受益，我从心底信服他。他用人，用德、用才；办事，求实、快捷；谦虚好学；讲友情、讲效率的作风令人钦佩。我从部队来国航，伴随着党的十一届三中全会后改革开放30年的旋律，亲身参与和见证了国航的变化和发展，而真正使国航发生了翻天覆地的质的变化、利的变化、量的变化、位的变化，准确地说，就是从李总裁来到国航开始的，今天的国航在国内民航中终于成为旗舰，在世界航空运输业普遍低迷的情况下，创造了被国内外赞誉为业绩"一枝独秀"的奇迹——公司连续6年赢利，年赢利额排名上升至全球航空公司第九位，并成为目前全球市值最大的上市航空公司。

我反复拜读了李总裁的《大道相通》一书，从中国国航八大制胜方略中领悟到李总裁已经把治军方略用到了企业管理中，带出了一支好队伍，带出了一个强企业，让国航人看到了希望，见证了辉煌。李家祥总裁荣获了国内外权威机构授予的"蒙代尔世界管理人金奖"、"亚洲品牌创新十大杰出人物"、"中华十大经济英才"、"2006CCTV中国经济十大年度人物"等二十多项殊荣。

李家祥总裁的著作《大道相通》

我曾是一名军人，亲眼看到一位将军在国航发展的困难时期临危受命，又在全国民航发展的徘徊中，挑起了大梁。此时此刻，我真诚地向首长战友、总裁同行再敬一个军礼！

国航今天的好形势来之不易，总裁的精神、思维、作风和远见卓识激励我暗下决心，一定要当好"客舱排头兵，乘客贴心人"。

和邓楠一起感念小平同志

我和中国科协常务副主席、党组书记邓楠同志结识是在 1992 年 6 月 17 日，在随同李鹏总理去巴西里约热内卢参加国际环保会议的专机上。我特别愿意和她聊天，一是她性格外向、开朗坦诚、没架子，还有一个原因就是她的外貌太像小平同志了，她自己也这样认为。

我对他说："无论我在家还是在国外，只要有关小平同志戎马生涯、胸怀大志的故事或电影，我都是饱含激情、十分敬仰地去看。从小平同志身上，我看到了老一代无产阶级革命家的博大胸怀，伟大外交家的智慧、风范，伟大军事家的胆识、方略。在我的工作本上就铭记着小平同志的'敢于创新，敢于决策，敢于负责任'的'三敢'气魄和'不怕打击，不怕打仗，不怕罢官'的'三不怕'精神。现在，我还珍藏着一张小平同志与国家其他领导人和俄罗斯签署中俄邦交正常化的照片呢！"此时，邓楠兴奋地说：

"是吗?!"我说:"真的,看一次兴奋一次。"

邓楠接着说:"爸爸这个人,吃多少苦,受多少罪,从不说出口,但他特别关心我们,当我们遇到困难时他总说'总会过去的'。"

我们的国家今天综合实力能这样强大,国际地位如此显要,人民生活水平不断改善、提高,被世界各国人民所赞叹,都应感恩于改革开放的总设计师、总舵手小平同志。高兴之余,我和邓楠合影留念。

　　1997年7月1日,香港回归祖国的日子,让国人振奋。6月31日,我们飞了最后一班到香港,几个朋友合影留念,心情非常高兴和激动。
　　小平同志英明果断的决策太伟大了,香港终于回到了祖国的怀抱,这是"一国两制"实施成功的典型范例。

蓝天上的鼓舞

当我拿到执行101香港航班的任务书，看到上面写有VIP要客——中华人民共和国交通运输部高宏峰副部长时，我感到这个名字非常熟悉，心想，是2008年初我从莫斯科飞回北京时在头等舱见到的民航局高宏峰副局长吗？那是我们首次在机上相识，他给我留下了极其深刻的印象，一路上他几乎没休息，在长达7个小时的飞行途中他一直在看文件、阅读书报。只是在下降前向他介绍北京的天气、温度和到达时间后，我才有机会征求他对我们服务工作的意见。

这次去香港，高副部长一到机舱口，我就认出了他，高副部长也认出了我。

飞机起飞后，他仍然像上次从莫斯科回北京一样，一直在看文件，同样仍然是在飞机下降前，高副部长去洗手间回来时，我才有机会与他交谈。当我向他汇报我正写《中国空哥》一书，向中国民航事业改革开放30年献礼的想法和进展情况时，他听得非常认真。听完我的汇报后，他高兴地说："民航事业改革开放30年，取得的巨大成就有你们这些老乘务员的贡献哪！"我要求与高副部长合影并请他留言，他在写前反复用手指在纸上比画着，而后写下："春甫同志三十年奉献蓝天，谨致以崇高的敬意。"他同时写了两张让我任选其一。

在和高副部长的接触中，我领悟到了活到老、学到老，必须终身学习的道理。

2008年11月6日，和交通部副部长高宏峰同志在班机上

春甫同志三十年奉献蓝天，
谨致以崇高的敬意。
　　　　高宏峰
2008.11.6

总裁初一拜大年
齐为奥运做贡献

　　2008年大年初一一早,我带领乘务组执行111香港航班。登机后准备工作基本就绪,地面一工作人员上机找乘务长,我立即迎上问有什么事,他说:"公司蔡总裁和有关领导马上到你们航班上来给大家拜年。"我听后很兴奋,立即通知全组同志。话音刚落,蔡总裁、客舱部梁总经理和总队王书记一行就已跨入机舱,蔡总热情地和我握手说:"我知道你李春甫,今年客舱服务部主任乘务长全年绩效考评第一名,祝贺你,不简单啊!"我感谢领导的关心和鼓励。此时,全组的同志们都已到齐,蔡总、梁总、王书记和大家一一握手拜年,并鼓励同志们要做好服务工作,要深知国航是北京奥运会的承运人,做好奥运会的保障工作,同志们肩上的担子可不轻啊! 我代表全组感谢领导的关怀并给他们拜年,同时表示我们有信心、有决心、有能力做好服务工作,为奥运会做贡献,为国航发展增光彩。

　　而后,领导们和乘务组合影留念。

中国国际航空股份有限公司蔡剑江总裁(右四)大年初一给乘务组拜年

老总裁的人格魅力

　　周恩来总理专机机长徐柏龄是国航的老局长、老总裁。我从部队调到国航后就一直非常敬重他,他为国航的发展和成长、壮大,倾注了大量的心血和智慧,为国航人留下了宝贵的精神和物质财富。

　　在我担任管理工作的16年中,经常聆听他的总结讲话和工作报告,深受教诲,同时也数次和老领导一同执行国家领导人的专机任务。他的勤于钻研、为人坦诚、做事认真、作风严谨的品格为我的人生和工作都引领了方向。有时大家在一起谈起老总裁时都竖起大拇指称赞,国航那么多的领导,徐总裁在我们心中是不可替代的好领导之一,他对我语重心长的教导和我们在一起唱歌、跳舞的愉快场景,至今还历历在目,这就是他的人格魅力。

与中国国际航空公司原总裁徐柏龄在飞行途中

1993年4月7日，与时任
民航总局局长的蒋祝平
同志在飞行途中

1994年12月，与时任民航
总局局长的陈光毅同志
在飞行途中

1991年2月12日，与时任中国
国际航空公司党委书记的常
书铭同志在飞行途中

1996年3月1日，陪同时任
中国国际航空公司党委书
记的董永昌同志在东南亚
访问途中

服务外国元首的日子

与菲律宾总统及夫人合影

与马里共和国总统合影

我执行带队服务外国元首的专机任务很多次了,主要是在国内。执行专机任务有句话叫"政治任务"。从动员、准备、实施都有各级领导的检查和指导。应该说,那么多次我都顺利地完成了任务,得到外国元首的表扬和留言。在对外国元首服务的过程中,我体会到我们国家改革开放30年的巨大成就,对世界的影响力非常大,所以,通过外国元首的肯定,我们对自己的服务是充满信心的。

与尼日利亚总统合影

与毛里求斯总统合影

与伊朗总统(右)合影

与哈萨克斯坦总统(左)合影

与阿富汗副总统(中)合影

与澳大利亚前总理霍克合影

高参评点话当年

　　朗老教授是国航的老朋友,是我们当年开展TQC全面质量管理活动的导师。很多TQC的指导材料和教案笔记都是朗老教授亲自编写的。

　　这次在飞机上见面,他已经是70多岁的高龄了,可他仍然精神状态好、反映敏捷。此次,乘国航飞机去广州是帮助南航搞组织转型工作的。当我和他提起20年前乘务大队开展的TQC全面质量管理活动时,朗老非常激动。对我们三中队搞的那四项TQC成果的发表,他还记忆犹新。朗老说:"你就是那个当年声音洪亮、气质豪迈的中队长!"

1321 航班　　　2001年1月2日

·乘务组服务批花。

·乘务长书卷有味,工作主动,多功巡视机舱,指导乘务工作,译文眼务中心细节。这种批比我国晚航航班比此为少。(乘务长看叶·次种此视了。对乘务临临观机。

祝你明利

朗毛

1月20

"对你是小事,对我可是大事啊!"

2007年10月金秋,我执行北京至广州的航班,到达广州前30分钟时,后舱乘务长匆匆来找到我说:"David,你快到后舱看看,有个客人满头大汗不知在找什么?"我马上赶到那位乘客身边,安慰他说:"先生,别着急,有什么困难和我说。"他告诉我:"我是中国书法家协会的,我们赵书记就坐在头等舱,今天去广州是为了明天上午9点钟主持第九届全国书法大赛的,我的资料和主持时需要的光盘没有了,一定是丢在北京机场候机室了,这可怎么办?这些资料和光盘是为协会举办书法大赛用的,已经准备半年多了,如果没有了就无法主持明天的大赛活动了,这如何向领导和参赛的单位交待呀!"

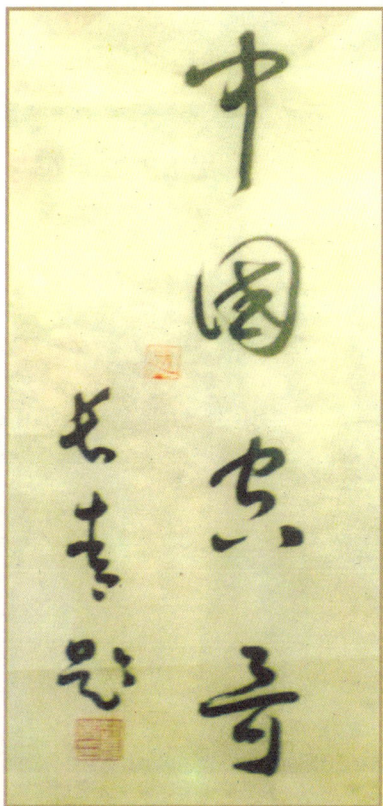

我一看时间,还有30分钟,飞机已经开始下降了,我对他说:"你把资料包的模样和在北京哪个候机室登机的都告诉我,我马上请机长给广州地面国航的工作人员发个电报,让他们速和北京方面联系,如丢在机场就有希望找到,然后利用下一班广州的飞机带过来。"他一听仿佛看到了希望,他告诉我:"我是在

北京23号候机室登机口登机的，丢的是一个黑色的手提包，我叫郭志鸿，是书记的秘书。"这时，我和他一同到了头等舱，他去向赵书记汇报，我进了驾驶舱，把情况向机长作了报告，请求他和广州地面联系，然后我从驾驶舱出来，赵书记和郭同志焦急地拉着我的手说："李乘务长，怎么样？"当时他们期待的眼光，我至今还历历在目。

飞机到达广州候机楼后，一开机门，已有一个地面国航女服务员在那里等候，我问她："找到了吗？"她告诉我说："联系上了，也找到了，用下班22点05分的1367航班带到广州来。"赵书记一听，高兴极了，小郭拉着我的手激动地说："李大哥，你帮了我大忙了，否则我就麻烦大了。"我说："别客气，这件小事别放在心上，祝你们举办大赛成功……"赵书记立刻打断我："对你是小事，对我可是大事啊！把您的电话号码留下，回北京我一定要感谢您！"

半月后，郭志鸿专门到机场来感谢我，并挥毫留念。

和中国书法家协会分党组书记赵长青合影

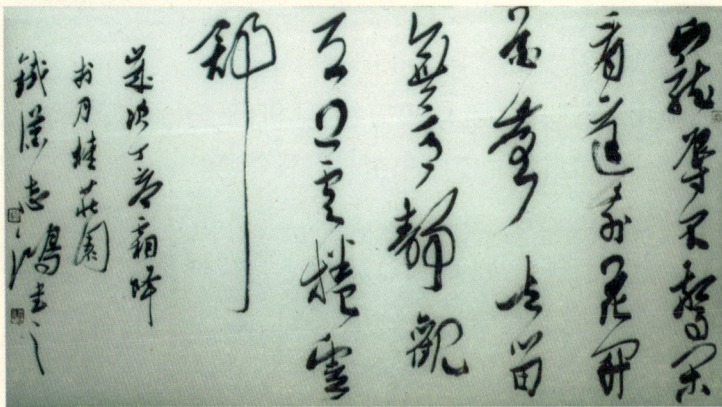

郭志鸿的书法

女儿的"老校长"——刘彭芝

人大附中在北京乃至全国都是有名有实的一流学校,女儿李丁在那里度过了初中、高中的时光。可以说,那所学校为她学人生、学知识奠定了坚实的根基。很多人都曾想过让自己的孩子到人大附中去求学,那是一种自豪和荣耀。我这个当父亲的做到了,也有女儿李丁自己的勤奋和努力。

这所学校之所以有那么大的知名度和影响力,无论是在国内还是国外,就是因为该校有一个知识渊博、治学精深、卓越超前、高瞻远瞩的领头人——刘彭芝校长。

我和她有过两次接触:第一次是女儿临高考前,她为家长们讲解如何以良好的心态引领和协调孩子参加高考。她几个小时的讲解,我都认真地做了记录。其中有句话我至今铭记:"只要你的孩子能正常发挥,就能考上一个好的或者是比较好的大学,这是没有问题的,这就是人大附中的实力和质量。"我的女儿考上了中国的一流大学——北京理工大学,这正应了她的预言。第二次是在女儿的毕业典礼上,人大附中的升学率在海淀区名列前茅,进入名牌大学的学生比例又是第一。会上,刘校长的精彩演讲,让我振奋。学校的管乐队、舞蹈队、合唱队的精彩演出,让我既享受又欣慰。我没有赶上那个学习的年代,女儿能有今天的愿景,也实现了我的心愿。

2008年11月16日,刘校长一登机,我们四目相对,似曾相识,当时没想起曾在什么地方见过她。毕竟女儿从人大附中毕业已经是六年前,即2002年的事情了。

飞机平飞后,我们为代表团送饮料时,我和刘校长谈起女儿李丁和人大附中。刘校长非常高兴地说:"我也觉得我们好像在什么地方见过。我记得那是在毕业典礼结束后,我们还一起照了相,当时就记得你在国际航空公司工作。"我说:"太对了。"我接着介绍说:"您的学生李丁现在也当了空姐了,今后她会有机会为您服务的。"刘校长非常高兴,并和我合影留念,同时为女儿李丁写了一句祝愿。

祝李丁更美丽!
刘彭芝
2008.11.16.

难得知己

我来国航客舱服务部工作近 30 年了，接触过几千名男女乘务员，可能让我从内心说一句，真的很棒的，综合素质很强的，能在同行当中出众的为数不多，因为我是一个很认真、很较劲、很不服气的人。

在我的印象中，我在七分部当经理时，男乘董刚、女乘宋渠，这一对是很让我钦佩和学习的，可惜他们已离开客舱服务部十几年了，现在已闯出一片天地——董刚已成为名副其实的企业家了，真的很敬佩他们的胆识、勇气和实力。当初，他们产生要离开客舱的想法时，我还做了很多工作，因为他们夫妇要说形象，董刚帅，宋渠靓；要说服务技能，他俩是七分部的业务尖子，董刚是乘务长，宋渠是头等舱服务员；要说外语那就更强了，后来得知，董刚和宋渠和外国人谈生意，不用翻译；董刚和宋渠也是我们七分部上报执行国家领导人专机的服务员。

多年来我们一直有联系，在一起时是上下级关系，现在是朋友关系，相处得非常好，有的人把人归纳为四种：第一种，能交朋友也能共事；第二种，能交朋友不能共事；第三种，能共事不能交朋友；第四种，既不能交朋友，也不能共事。董刚夫妇属于第一种——既能交朋友又能共事。我们在一起时，为七分部的建设做了大量的工作，虽然离开多年，但在工作上、生活上和追求上相互勉励、相互支持。

我这个人交的朋友不多，因为我交朋友是以"知己"为标准的,董刚和宋渠夫妇应该是"难得知己"——
Friend in friend！

　　我的飞行生涯有限了,可董刚夫妇的事业发展正劲,看见他们对事业的卓越追求和家庭生活的美满我很羡慕。想起当年,他们要离开的时候,我还不同意哪,现在看来,他们的路走对了,我认为他们是人才,他们的选择使他们大获成功,我从心底祝福他们夫妇好运、好福、拥有好日子。我也从他们的创业经历中,领悟到一条道理:"走自己的路一定能成功。"

李经理 DAVID

精神、物质
文字的留世是永
存的是最有价值的！

祝贺您好运！
祝福您如意！
祝愿您幸福！

董刚．GEORGE
8.8.2008

北京市东南怡汽科贸有限公司
董事长董刚先生

幸福的小家庭

身为奥运会承运人之一员
我自豪

国航是国内各航空公司中唯一成为奥运会承运人的航空公司,这是国航人的光荣和骄傲,也是奥运对国航人的信任。但责任是非常鲜明的,国航是唯一带有国旗的航空公司,它是向外国友人展示中国的第一窗口和第一印象。我和奥组委副主席王伟先生有过两次接触,他谈起对国航的感受时说:"国航是唯一带国旗的航空公司,当承运人是顺理成章、当之无愧的。可乘务工作水平还有待提高,让我们一起为奥运会加油吧!"几年来,我一直记着王伟先生的话,也为自己身为奥运会承运人之一员而自豪。

2005年2月13日,北京奥组委副主席兼秘书长王伟同志在北京—巴黎的航班上为乘务组留言

在奥运号飞机上服务,我自信

2

中国国际航空股份有限公司飞行总队政治部原副主任、乘务大队原政治委员、中国第一代空姐康淑琴为本书题词：

中国苐一代空哥
中国空哥典范

　　　　诔淑琴
　　　　2008.2.28

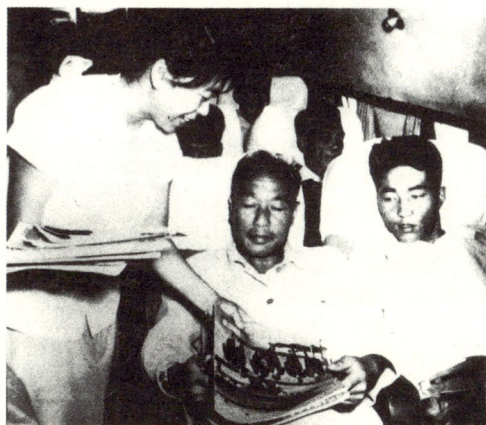

康淑琴（左）在飞机上为乘客服务

空哥历程

自20岁参加工作至今,在空哥的岗位上一干就是30年。这30年,弹指一挥间,但是也给我的人生描绘了重重的一笔,成为我的宝贵财富。这是一段不寻常的经历,也是一段令我成熟的经历,更是一段给我愉悦和成就感的经历。在这段历程中,我从来未实质性地离开过空哥的岗位。无论是普通的乘务员,还是后来的主任乘务长,我可以用几个"四"来概括这段经历——四次换位、四次换装、四点收获。

四次换位 20岁开始当空哥,走上了这条既符合我的专业又是我喜欢的从业之路。我认真钻研、勤奋工作,努力做好每个细节,并肯于动脑,解决一些一线的具体服务问题。经过近10年的基层磨练,我很快成长起来。

30岁左右,我担任三中队中队长职务。刚刚进入管理岗位,我谦虚踏实地努力工作,获得了组织上的信任和领导的重视。管理岗位很锻炼人,有许多细节要管,更有宏观的策略性的内容要去思考、研究、解决。我体验到了成就感,也感觉成熟了许多。

40岁左右,我担任了二分部的经理,正式走上了领导岗位。这个岗位给了我更加宽广的视野,也带给我许多机遇和挑战,让我迅速成熟起来,满怀信心,开拓进取,成为公司的管理骨干。

在我40岁那年公司整编之际,我主动申请去做空哥,从那时开始直到现在这十多年间,我一直担任主任乘务长职务。在这段时间里,我悟出了人生的真谛:平静踏实,不慕虚荣,做适合自己的事情,出色就是成功,最终实现自我价值。然后我的生活

初到民航有点傻

和工作变得舒适、自信、上进。我找到了恰切的人生道路，成为依靠自身本质力量获取外部物质与社会肯定的人，这对于我的一生而言，意味着成功。

四次换装　在整个做空哥的历程中，我的服装更换了四次。四次换装的内涵是，一方面显现了国家航空事业的迅猛发展，是在社会对民航行业不断提出新的期待与要求的环境下，我们内部改革的结果；另一方面是我个人的内在能力不断提升，事业不断进展的过程中，同事和单位对我的认可。

第一次是刚参加工作时，穿的中山装；第二次换的是蓝色一道杠袖装；第三次换的是深蓝色肩牌装；第四次变的是深蓝色二道杠袖装。这四次换装，一方面是我们行业发展的需要，另一方面是我的工作性质和成绩决定的，并且这四次换装贯穿在我的整个空哥历程中，也可以说四次换装见证了我的从乘生涯的发展与成就，也带给我无尽的人生财富。

四点收获　在我的人生中，我的多半岁月献给了空哥岗位，对此，我无怨无悔。因为我收获了成功，更收获了智慧。现在回头来总结一下，可以归纳为四点收获：一是从普通的一名军人转业做了空哥，飞遍全世界，带给我广阔的视野，使我了解了国际国内的形势，丰富了我的信息世界，更充实和完善了我的知识结构，使我成为一个目光远大、看透一切、热爱一切的人。因此，我的心态良好，选择准确，成为一个拥有智慧和人格魅力的人；二是担任领导职务、走上领导岗位，由于踏实勤奋、钻研进取，获得了组织的信任和领导的赏识。这对促进我的成长、形成良好的信心至关重要；三是由于经历多、见识广，选对了适合的行业与岗位，所以成功体验多，逐渐培养了成熟自信的人格。这种人格带给我无尽的人生财富，包括愉悦感、充实感、力量感、成就感、

第一次换装很神气

第二次换装很潇洒

第三次换装真英俊

自足感。这让我变得无比勇敢，即使现在面临死亡，我都不会惧怕，因为我的一生已经很圆满，死而无憾；四是选对了行业和岗位，事业上得以不断开拓进展，得到了家人、朋友、同事及社会的认可和赞许。这让我收获了幸福感。我觉得自己已经达到了人生的新的境界，而不是简单的为了谋生而奔波的人生状态。

我这一生最愿意学习的榜样是瓦尔德内尔——一个瑞典的乒乓球运动员，被称为乒坛常青树的"老瓦"。他的不服输，永远战斗（为了体育竞赛而战，更为了实现发展自己的最大潜能而战）的精神深深地吸引了我。我做空哥，正像老瓦。一方面要为行业发展而奋斗；另一方面更要为实现自我价值，发挥自己在某一领域（对我而言就是空哥工作）的最大潜能而奋斗。最终我取得了成功，里面有意志的力量，也有亲情的力量，有组织的力量，更为重要的是有人生智慧的力量。我相信，伟大正确的人生智慧总会使人收获圆满。

第四次换装真自信

有付出就有收获

我这个人从学校到工厂，从部队到民航，有一种自我意识和定位。荣誉让，进步抢——如，这个先进，那个标兵的，我并不在意；可进步就不同了，因为我认为这是人生价值的体现和坐标。如在学校里，我就是学习委员、文艺委员和班长、红卫兵时期的宣传队长；在工厂的师兄弟中，我既是团支部书记又是入党积极分子；到部队8年，在一起入伍的200多名战友中，入党以及提升为班长、排长、司务长、分队长和指导员的，我都是靠前者；来到民航后我也是35名战友中两名连职干部之一，较早就担任了分队长、中队长和分部经理。这些进步说明什么呢？就是有付出就有收获。尽管如此，部队和国航客舱服务部也给予我一些荣誉，我从心底感谢部队大熔炉和国航客舱服务部这块沃土。

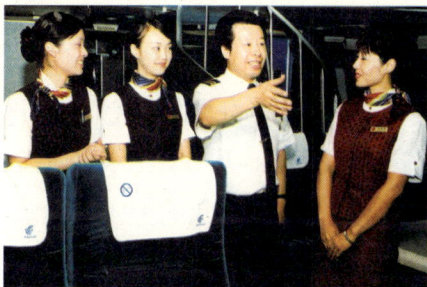

(1)排长标兵(一不怕苦，二不怕死)（1978年授予）

(2)优秀共产党员（1997年6月16日，总队党委授予）

(3)总队级先进个人（1998年3月6日）

(4)双文明建设先进班组（2001年2月28日，航空公司授予）

(5)优秀共产党员（2002年6月，客舱服务部授予）

(6)北京市春运工作中先进个人(非典时期)（2003年3月6日授予）

(7)积极飞行奖（2003年1月，客舱服务部授予）

(8)积极飞行奖（2004年4月1日，客舱服务部授予）

(9)积极飞行奖（2006年1月，客舱服务部授予）

(10)最佳乘务员奖（2008年8月1日授予）

没赶上学习的年代
但赶上了拼搏的岁月

　　准确地说，入伍前我仅有小学五年级的文化水平，在初中时代，我学了三年的毛主席语录。文化知识的提升主要是在部队的8年宣传工作中获得的，毕业证是来民航后补习的初中文凭。那个年代不是我一个人这样，同龄人都如此。可这30年的从乘生涯，让我充分地享受了学习的快乐和得到的成果。有价值的证书11个，在我们一起来民航的35名战友中，我确实是拼足了。这些对于我有信心、有能力、有实力做好乘务工作起到了第一生产力的作用。

Certificate

This is to certify that

LI Chunfu

has successfully passed the course

Instructional Techniques
given by IATA Training & Development Institute
Beijing, China, 29 May – 02 June 2007

Prof. Paul Clark, Director

IATA Training & Development Institute
KNOWLEDGE · EXPERIENCE · NETWORKING · SKILLS · RESULTS

干部理论教育正规化

结业证书

中共北京市委宣传部
中共北京市委组织部 制

单科结业证书

单科结业证书　单科结业证书

单科结业证书　结业证书
（88）结字00号

中国民族管弦乐学会
China Nationalities Orchestra Society
2006年3月29日

结业合格证书（89）0141号

結业证书

李春甫同志于一九九〇年九月至一九九四年七月参加我校英语专业（专科）课程考试，成绩合格，准予结业。

北京广播电视大学

中国国际航空公司培训中心

Trinity
The International Examinations Board

北京教育考试院
Beijing Education Examinations Authority

This is to certify that

Li Chunfu
李春甫

Identity card no. 身份证号:110105541002717
Candidate no. 准考证号:0106081105 0001

passed

Grade 5
Spoken English for Speakers of Other Languages

英语口语等级考试
五 级

Beijing—November 2001

Chief Executive of Trinity College London
Director of Examinations of Trinity College London
President of Beijing Education Examinations Authority

奖 给

立功受奖证书

荣誉证书

荣誉证书

李春甫同志

荣获二〇〇七年度客舱服务部

最佳乘务员奖

二〇〇一年一月

李春甫同志

荣获二〇〇五年度客舱服务部

积极飞行奖

二〇〇六年一月

证 书

李春甫同志：

荣获二〇〇二年度客舱服务部

积极飞行奖

客舱服务部

二〇〇三年一月

李春甫 同志

聘任为客舱服务部乘务一部

主任乘务长

客舱服务部人事行政部门

二〇〇五年四月二十七日

优秀共产党员

荣誉证书

李春甫同志：

你在北京市2003年春运工作中，做出了

优异成绩，被评为先进个人，特此表扬。

北京市春运工作协调小组

2003年5月4日

荣誉证书

李春甫同志

被评为九古奖度忠

国际在

荣誉证书

李春甫同志：

被评为二〇〇三年度客舱服务部

积极飞行奖

奖 状

客舱服务部李春甫乘务长

在"双文明建设"竞赛活动中被评为

先进班组

中国国际航空公司

团结的班子
上进的集体

在我从事管理工作的16年间,有4次班子搭配,至今让我留恋和向往的还是在乘务大队二分部当经理的那个班子。我们相处了5年,各项工作在当时的乘务大队三个大分部中,实打实地说,我们都是领跑和抢先的。

牛朝荣书记,人品忠厚、工作踏实、思想工作细致、文笔也好,而且能歌善舞,和我配合得很默契。

王莲英业务副经理,法文大学生,业务水平很强,工作勤勤恳恳、任劳任怨,配合我这个大兵出身的经理没的说。

静国艳,行政副经理,她曾是一名优秀的资深主任乘务长。停飞后,做行政工作。她工作方法灵活、为人诚恳、贪黑起早,大家都称她是好后勤、好管家。

直到现在,逢年过节,我们还时常在一起相聚,回忆那些难忘的日子。

当年的乘务二分部是个团结、协作、奋进的领导班子

钟海乘务组

张奇峰乘务组

张云英乘务组

华敏乘务组

丁亚萍乘务组

宋伍满乘务组

曹庆春乘务组

赵晓梅乘务组

杨清海乘务组

朱先俊乘务组

孙秀梅乘务组

苗俊霞乘务组

刘素乘务组

朱润芳乘务组

要拿就拿第一

　　光阴如水,岁月如梭,转眼之间30年的时光就这样匆匆而去。回首这30年的历程,我总结自己的人生,总觉得一个人无论做什么事都要有一种精神。

　　为1990年的北京亚运会,乘务大队搞了一次"迎亚运,三热爱"的劳动竞赛活动。当时我任二分部的经理,工作要干就要干好。我有过军人的经历,我始终认为,竞赛就像攻山头、打冲锋,一定要拿下。我们二分部的领导班子,明确了各自的分工,开了数次主任乘务长干部会和全分部的动员大会,把竞赛工作落实到每一个细节。在动员大会上,我说:"为了全分部的集体荣誉,哪个乘务组没有干好,影响到集体利益,哪个乘务组的乘务长就直接拿下。"竞赛从始至终,我们的团队就牢牢地团结在一起,劲儿往一处使,工作干得非常出色。在与其他几个分部的竞赛中占据了优势,取得了主动权,名次一直领先。

　　由于竞赛工作紧张,劳动强度大,压力也大。我们的牛朝荣书记被超负荷的工作强度累病了,尿血了。当我和其他干部一起去看她时,她看到我们的第一句话就是:"竞赛工作怎么样?成绩怎么样?"当时我们很受感动,站在一旁的牛书记的爱人老张说:"李经理,你们这样干可不行啊,你看把老牛都累成这个样子了,我也飞不成,还在家照顾她。"我当时向老张表示歉意,我知道老张是个飞行员,是个老实人,不善于言表。可牛书记对老张说:"我们分部的事情你少管,不愿照顾我,你就飞去。"老张不吱声了。

　　有耕耘就有收获,有努力就有成绩。在团队的共同努力下,我们二分部在"迎亚运，三热爱"的劳动竞赛评比中夺得了第一名。在总结庆功大会上，场面热烈，大家高兴极了，因为我们赢了。我为自己曾经有过军人的经历而自豪，也为自己做事有坚强的意志和信念而自豪。

职业形象自我包装，外语学习自学赶超，管理方略自强领跑，服务效益自信人文。

35

当记者采访时

　　记者采访，我确实也有些紧张，因为咱做的事是很一般的凡事，多数同行们也都做了，只不过是没赶上来采访的机会。《中国民航》杂志的社长兼总编辑李石文同志采访英语乘务组的过程，《欧洲时报》、日本《侨报》、《唐人报》记者登机采访及中央人民广播电台《午间1小时》的现场采访，都揭示了我们是怎么为乘客服务的、怎样理解为乘客服务的、怎样为特殊乘客服务的。刊登报导这些内容，其影响之大，对宣传国航客舱人的形象是非常必要的，对全世界各国乘客选乘国航起到了关键性作用。所以，我想接受采访不是我个人的事，而是代表了一个企业，甚至一个国家，所以我是真的用心去做、去展示、去表达的。

接受日本《唐人报》记者采访

接受《欧洲时报》记者采访

电台直播，感觉真爽！

  说心里话，做宣传鼓动报告工作我很自信，这种机会和形式是经常的事儿，可接受电台直播采访我还是第一次。中央人民广播电台《午间1小时》栏目，全国各地都能收听到。我们做了充分的准备，我带着组员王奕奕（Eva）、张箐（Lucy）参加节目。当我们进入直播间时，先是有些紧张，可和主持人面对面就有点儿"收不住"的感觉。在《午间1小时》的采访，我们展示了国航乘务员的风采和综合素质。现在回忆起当时的感觉来就是一个字"爽"！

接受中央人民广播电台"午间1小时"栏目采访

  学好外语是为接轨国际。阳光心态是人生的根据地。再著名的导演也要靠演员来展示他的作品，再精辟的理论也要靠实践来检验它的正确，再完美的服务也要靠旅客来认可它的质量。

2008年1月6日
于纽约

风土人情五大洲

洛杉矶迪斯尼乐园

华尔街铜牛

巴黎埃菲尔铁塔

悉尼歌剧院

　　做我们这行的,让其他行业无法比拟的就是:世界各国的风土人情、文化风俗,我们都能品味到。有先进发达的国家,有崛起发展中的国家,也有比较落后贫穷的国家。所以,我们从事这项工作,就要不断地学习和了解不同的航线、不同的国家,对不同的语言和宗教,只有熟练地掌握和了解,才能对旅客施行有针对性的服务。每到一个新的国家、新的城市,我都积极地去了解该地的文化和历史背景。

伦敦格林威治东西两半球划分线

澳大利亚的悉尼

巴西的圣保罗烤牛肉

德国柏林墙

美国自由女神像

夏威夷风情

斐济少女

狮城新加坡

奥林匹克总部办公楼

印度新德里凯旋门

阿尔卑斯山雪峰之■

百善孝为先
空乘我自愿

为88岁老母拜寿,哄老人开心

　　我是个从贫困家庭中走出来的人,当兵时爸爸就嘱咐我说:"到部队,勤快点,多干活,学会来事儿。"妈妈帮我准备了衣物,打理行装,几次流泪,真是"儿行千里母担忧"啊!两位老人给了我生命,给了我做人的道理,给了我生存的智慧。父亲8年前病逝,老母现已88岁高龄,卧床两年不能下地。我这个当儿子的就要在她有限的人生时间里,竭尽全力地帮助她向前行。我们准备了轮椅,定做了"解手凳"。我们定时把她背下楼,见阳光,观赏鲜花,调节心情。虽然她已多病缠身,可精神状态很好,也同样让我欣慰,也给了我工作上的支持。我们做儿女的对她的精心护理和她对儿女们的抚养情感是相辅相成的。所以,在飞机上,只要我看见了高龄老人和有病的客人我都要特别关注,询问他们的身体情况、饮食情况、是否需要特殊服务等等。到达目的地前,我都要特意为他们介绍到达地的天气温度、时差和安全等问题。每当看到他们对我的信赖眼光时,我真的感到很幸福,因为我们每个人也会变老的,这是人生的规律啊!

祖孙三代

　　我们一起来民航的战友们,一部分当了空中保卫员,我当时选择了乘务员。因为我很愿意跟人群接触,身边是乘客和乘务员,人与人之间的生存换位就是服务的换位。30年来,我始终认为我当初的选择是正确的,我在这个工作岗位上有快乐、有希望、有建树、有成就。很多亲朋好友和同事、同仁对我的工作很羡慕,他们问我:"春甫,你干什么工作,整天出国?"我直言相告:"做乘务员工作,就是服务!"

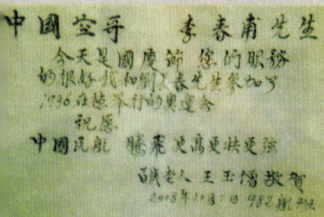

百岁老人奥运人

　　他曾和参加奥运中国第一人刘长春先生一起参加过1936年在德国举办的奥运会（远东运动会），任当时的篮球队队长，刘长春先生任当时的田径队队长，他是黄浦军校第十三期学员。他就是我们2008年10月1日国庆节从纽约飞回北京982航班的头等舱客人——百岁老人王玉增老先生。王老先生百岁高龄，至今眼不花、耳不聋、满口原牙、满面红光、精神尚佳。

　　起初，我并不知道王老先生的经历。一路上长达13个小时的飞行，他自理生活的能力让我感到惊讶。吃饭、看书、听耳机、去洗手间无需别人协助，行走自如。还有两个小时到北京，王老先生吃完午餐去洗手间时，拿出50美金给我们说："谢谢你们，喝点儿咖啡吧。"我们不收，在推拉时，他女儿王琴女士过来解释说："这是我爸爸的一点心意。"同时介绍了王老先生的百岁经历。我们为之兴奋、惊叹和震撼。此时，组里的一些同事也都跑过来和百岁老人王老先生合影留念。我灵机一动说："王老，您的50美元太多了，咖啡就不喝了，您送大家每人1个美元作为国庆节纪念吧。"王老和王琴女士就按我的意见办了。而后，我把为头等舱客人提供的奥运、国航五星长城红葡萄酒赠送王老并敬写了"祝愿您老百岁延年"作为纪念。王老和王琴女士相当满意，非常激动，王老先生双手抱拳向我们乘务员们表示谢意。

　　回到家中，王老为我书写了对"中国空哥及乘务组的谢意和对中国民航的期望"寄给我珍存。

　　太难忘了，在我30年的空哥历程中，能有幸和百岁老人在机上同贺国庆节真是太难得了。百岁老人的真迹馈赠真是太真诚、太珍贵了。

只有**DAVID**

2005年9月20日,负责专机分布的赵书华经理拿着巴黎办事处发给国航的电报,上面有杨丽华副总裁的批示——"此任务很重要,挑选好主任乘务长和组员"来找我说:"David,客舱部党委研究决定您来完成此项任务,一是信任你的经验多、实力强;二是你外语好,还会讲些法文,所以就辛苦你了。组员也都替你选好了,4号和6号乘务长都是英语六级,其他十名组员六名是英语四级,其他四名也都是英语基本功很好的。"

这次任务不亚于我以前飞过的多次专包机任务,因为这是一个高层次、高智商、高规格的96位法国市长及企业家的访华代表团。从办事处给国航党委的电报中,可以看得出此代表团访华将会给公司带来极其丰厚的经济效益,所以公司和客舱部党委都非常重视。

接受此项任务我很振奋,觉得自己受到了组织上的信任,同时也感到责任重大,必须做好充分、细致的全场准备工作。思路为:一、从进入准备会到旅程结束把外语沟通服务贯穿于始终。这一点收效甚佳,我自己也仿佛进行了一次英语考试和实践。起飞和落地我用中、法及英文广播,获得了代表团的掌声。二、抓准代表团客人的标准和特点。从仪表着装和语言规范及程序设计都要从微笑和细微处做起,行为水准上体现出国航是中国唯一带国旗的国际航空公司。三、以热情洋溢的举止营造温馨的客舱气氛。我们从北京带去了龙井茶和专包机必备的高档红酒,而后从巴黎配上了法国名贵的香槟酒,以此款待代表团的客人。这一举动让代表团的成员们感到了家的温馨和礼遇以及中

国人的好客情感。四、到北京后的惊喜服务。北京地面为每位客人都准备了一束红玫瑰花，这又让客人感到了国航的高水准的优质服务，而且后几段都有不同的变化。当我们把代表团送回巴黎时，市长和企业家们都写了评语，抒发了他们的情感。巴黎办事处杨经理在机舱门口迎接代表团，下机时，一看到代表团成员的表情又是拥抱又是道谢的，就向我们致谢："老李，谢谢你和你的组员们，大家都辛苦了。"我们组还没有返回北京，办事处的"情况通报表扬"就已经到了梁富华总经理办公室。梁总对我说："David，你们的任务完成得非常好，把这次服务的程序文字存档。"

外籍乘务员眼中的DAVID

为了便于和国外旅客沟通,解决语言难点问题,国航在近几年开始聘用外籍乘务员,在我们的乘务队伍中,有几十名德籍和日籍的乘务员。

一次,我执行北京飞法兰克福931航班,一个德籍小伙子乘务员,我分配他在公务舱服务。这些乘务员大多数都会讲英语和母语,只能简单地讲点汉语。在飞机上,语言沟通是个大问题,他们和我们乘务员交流不多,感到很孤独和寂寞。我是当天航班的主任乘务长,一开准备会,这个小伙子就非常投入和兴奋。因为我是用英语和中文相结合,我有时也用德文和他交流。在空中的服务中,我经常到公务舱去看他,并问他的工作情况怎么样。我还夸奖他:"You are working very hard!"他非常高兴,工作更加积极努力了。从北京到法兰克福的航程,十几个小时,一路上他没有休息。楼上乘务长跟我反映说:"他工作得很好,空中还替我们值班,机组也对他的服务满意。"到达法兰克福后,他对我说:"来国航后,你是第一个让我感到亲切和敬佩的乘务长,我下次还愿意和你飞,你的德语讲得也很好。"

由香子是日籍的乘务员,在中国飞了两年,合同到期前,她主动要求和我飞行。我们在同一个航班上,由香子对我说:"两年之中,你是让我最羡慕的乘务长,你可以讲很多国的语言,日语讲得很棒,和你飞行非常愉快。"并提出和我合影留念。我问她回国后的打算,并开

魅力的源泉:健康的人格凝聚人,超前的思维引导人,饱满的激情感召人,精博的专长带动人。

玩笑说："要不要做中国媳妇?"她很腼腆地说："在日本已经有男朋友了。"回国后她给我打了两次电话。

外籍乘务员管理中心要求外籍乘务员写工作总结时选一名最愿意同飞的乘务长,他们几乎都愿意和David一起飞。他们说:"和David一起飞,语言能沟通,David为人友善、工作态度和蔼、关心我们。"这是他们的方兴惠经理(Frank)转达给我的。

● 英联邦乘务员

● 印度德里乘务员

● 新加坡乘务员

● 印度德里乘务员

●香港乘务员

●大韩乘务员

●韩亚乘务员

●日籍乘务员由香子

●北欧乘务员

●阿拉伯海湾乘务员

●泰国乘务员

●法国巴黎乘务员

●澳大利亚乘务员

"慕名"老师的一封信

邵立群先生给我的来信,我看了数遍,每一次都有新的感受。一个没有见过面的朋友,这样看重国航,看重客舱人,有那么高的期望值,这无疑是对我本人和所有客舱人的极大鞭策。只要你用心了、用情了、用智了、用力了,你就一定有收获。

在此,我再次感谢邵立群先生的帮助和教诲,更希望您今后的支持!

来信内容如下:

尊敬的李春甫乘务长,您好!

我是在两次偶然的机会中,拜读了您的两篇文章,使我萌生敬意,而又寓意深刻,特致信交流。

首先,要表达对您的敬意,在几十年的工作中您服务国航,恪守本职,玉成操守是令人尊敬的。《总裁初一拜大年,勉励奥运做贡献》的文章言短意深,又在春节之时,喜庆和职业精神的汇聚,体现出国航人作为奥运承运人的自豪。

尤其令我感同身受的是您的另一篇文章,言志抒怀,袒露胸襟,文风热烈浓郁,又显现出真的性

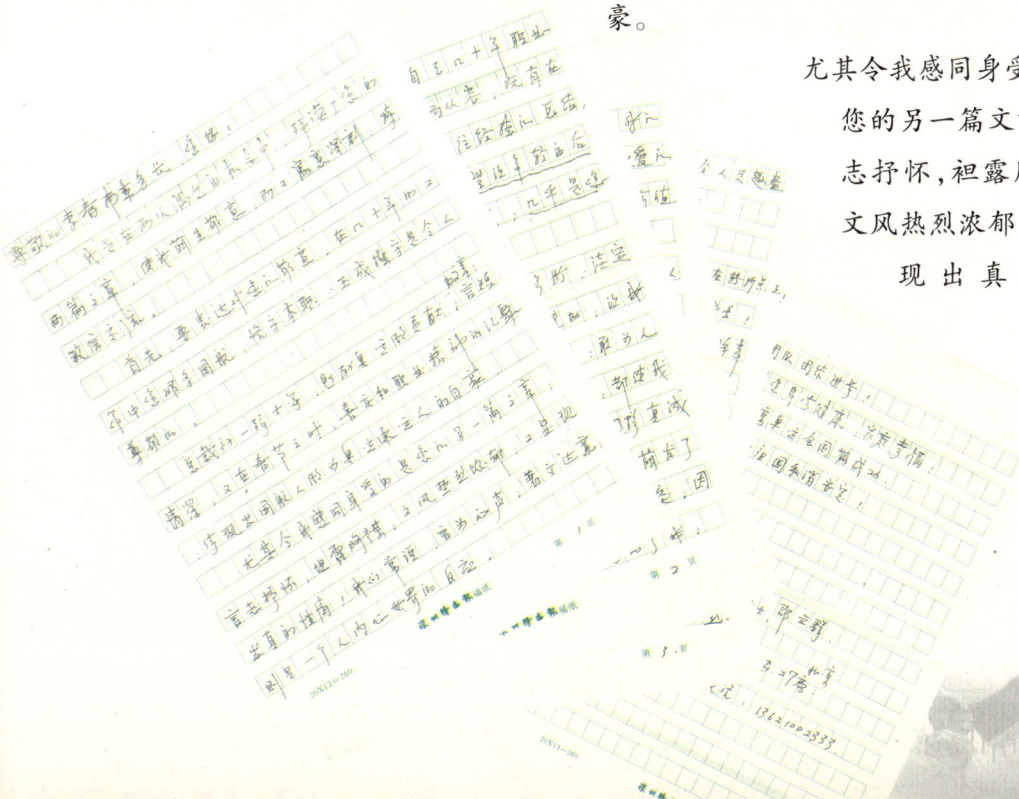

情！我们常说:言为心声,著文达意,则是一个人内心世界的反应。

在您的文章中,您坦陈了自己几十年职业生涯的心路历程,您写得真切而从容,既有在业务层面的经验,也有在对于既往经验的总结,您当时一定是有一种情怀:您希望让年轻的后辈分享您的快乐,"我工作,我快乐",几乎是您核心价值观的体现。

李先生阅人无数,在您的这个年龄,淡定而从容,岁月洗去了浮华,沉淀了感动,让我记忆深刻的是您积极进取的人生态度、敢为人先的创新精神、不落俗套的工作方法,都令我深受感染,你是那样热爱生活,那样真诚地寄语年轻人,当时的那种感动,让我萌生了一定要给您写信的愿望,哪怕您觉得唐突,因为您用真诚写出的文字,真的打动了我。它甚至寓意着艾青诗句的情怀:"为什么我的眼中常含着泪水/只因为我对脚下的土地爱得深深"。其实,这种对生活的热爱,是生命价值的最大弘扬。

我也知道,您当过兵、做过经理,无论人生际遇的浮沉,无改您磊落的品质。您还富有生活情趣、学习乐器乐理、笔耕不辍,都说明您与时俱进的卓越追求。

我也将您的文章推荐给身边的人,他(她)们讶异而兴奋,读后喜悦之情溢于脸上。一篇好的文章,可解难言之痛,可化心理积痛,这真是一件有意义的事。"奇文共欣赏,疑义相与析"的道理也在于此。

我不揣冒昧,致信于您,请谅解。

最后,我真诚而衷心地祝愿国航繁荣昌盛,祝愿客舱团队团结进步!

祝愿您身体健康、家庭幸福!

祝北京奥运会圆满成功!

祝伟大祖国和谐安定!

致礼! 再拜春安!

寒士:邵立群

3.27夜 北京

另及,今天读一刊物,一些话令人兴趣盎然,愿与李乘务长分享:

1.人不是赢在起跑线上,而是赢在转折点上。

2.你所能帮助的人越多,你的机会就越多。

3.认真做事只能把事做对,用心做事才能将事做好。

4.世界上唯一不变的就是变化。

清一色的男性乘务员

　　1990年,我在担任乘务大队二分部经理期间,我们分部的朱先俊乘务组执行从北京经由上海飞往旧金山的985次航班,发生了一起劫机事件,由于机组人员与地面指挥相互配合,处置果断,最后成功地粉碎了歹徒的劫机图谋。

　　事情是这样的,飞机起飞不久,当时机舱里的一名男性乘客趁空姐发放餐食的时候,用一把水果刀将该名空姐劫为人质,并迅速撤到机舱前部右一号门处。歹徒放话将飞机飞往台湾。此时,乘务长朱先俊和保卫员王云会把情况迅速地报告给王机长,他们商议紧急反劫机的对策。首先,乘务长和歹徒谈判同意他的要求,机长和机组成员采取到上海机场用急刹车的办法反方向落地。其他乘务组人员对客舱的旅客进行严格的安全检查和稳定客舱情绪的工作。果然,在飞机降落到机场的过程中,歹徒并没有意识到实际上是降落在上海机场。飞机在滑行当中,机长一个急刹车,强大的惯性令歹徒猛地倒在地上,搂着人质的手也松开了。此刻,在旁边早已做好准备的保卫员王云会及时地抢救出人质,朱先俊乘务长用事先准备好的电棍击昏歹徒,彻底将其制伏。

　　在处理过程中还有一个小插曲,乘务员曲咏梅是被劫持的人质,她不惊不慌,还询问歹徒:"你渴吗? 要不要喝点儿水?"歹徒的意志反而被曲咏梅的言语感动了,他对曲咏梅说:"你放心,我不会伤害你的。"正是乘务组人员的机警和镇定,有效地弱化了歹徒的暴力情绪,从而避免了人员的伤亡和事态的严重后果。事态平息后,旅客们都对国航的安全意识和果断处理深表敬佩。

为了确保下一段飞行的安全,朱先俊乘务组调回北京休整,我临危受命重新组建一个乘务组上机服务。我精心选调了10名男乘务员,多数都是乘务长和共产党员,只有2名女乘务员。当我们这支负有特殊使命的乘务组人员出现在客舱里时,乘客们登机后先是一愣。我在门口迎接乘客时说:"我们是专门来送大家的,让大家受惊了。"就座的旅客对我们的表现报以热情的掌声。到旧金山的一路服务,整个客舱里洋溢着和谐、欣慰、融洽的气氛,很多客人都称赞这个乘务组太棒了。

从旧金山返回北京后,我们这支特殊的队伍完成了这次特殊的任务。从而,也就成了我在飞行生涯中这一段"空前"不知是否会"绝后"的飞行经历。

报考技师,机遇难得

　　当空哥30年来,我还没有一个过硬的、叫得响的技术职称。在我有限的飞行生涯中,机会来了——报考乘务技师。但在一起从部队来民航的战友中也有不同的想法,有的说:"明后年就要停飞了,考那个有什么用? 还要交900元钱。"有的说:"问过考技师与不与经济挂钩? 而得到的回答是暂时没有,没有就不考。"还有种种说法。可我不这样看。这次机会是对我30年从事乘务工作的一次考核,也是一次综合实力的鉴定和评价。别说交900元,就是再多我也参加。可自己行不行我也没底,能考过吗? 由于自己是当兵出身,又赶上"文革"那个年代,文化基础差,我能行吗? 这次技师考核是民航历史发展若干年来,乘务工种最高的技术职称考核,所以我下最大的气力写好论文,贪黑起早加班加点,无论是在家还是驻外,我都努力复习理论知识和实践操作。真是功夫不负有心人,我成功地考取了。我信服毛泽东主席的那句话:"世上无难事,只要肯登攀。"

自费学习IATA，值了！

在2005年的一次客舱主任乘务长年会上，一位热心的同行在我发言后提示我说："David，你的口才和文笔那么好，为什么不去考考IATA呢？"我问她IATA是什么意思？她说："就是国际航协教学、培训资格认证的机构。"我问什么时间有，她说每年都有。这真是给我提了个醒，给我提供了一次良机。

会后，我着手联系有关的单位，可惜今年的报名工作已经结束了，只能等到2006年了。当年的培训费用是4500元，2006年我一定要参加。可不幸的是我的老母亲病重，需要治疗和护理，我又错过了时机。等老母亲病情稳定以后，已经是2006年的年底了。2007年初我就积极地联系报名，航协负责同志告诉我，在5月初有一个学习培训的机会，但是学费是7500元，一年多的时间学费上升了3000元。我这个人有个毛病，一旦认准的事就必须去做，7500元我也认了。当得到航协的许可和寄来的一些辅导材料时我高兴极了。通过几个月的努力和勤奋学习，我以优异的成绩通过了合格认证，我又拿到了一个有价值的文凭。虽然是自费，但我觉得值了！

"非典"时期,经受考验

2003年,一场SARS使全北京乃至全国受到了一场严峻的考验。此时,各行各业都受到了冲击,民航是重灾区之一,外国客人不敢来中国,国内客座率急剧下降,经济效益严重受损。有的小公司都面临倒闭的危险,国航这个大公司也面临着严峻的挑战。当时的情形是:有的小区封闭了,有的工厂停产了,学生停课了,农村村庄都挡起了防护栏,为的是防止SARS的传播和感染。当时我们的航班出勤率只有10%,那个时候谁都害怕传染,不愿意参加飞行。我们分部的几十个乘务组只留两个乘务组执行航班任务,其他乘务组全部回家待命、休整、学习业务,有事儿通过电话或网络联系。这个特殊时期我知道我肩上的责任了,一个36年党龄的老党员应该兑现对党的承诺。我向支部写了请战书,得到了组织的支持和信任。我们全体组员戴着口罩为乘客服务,一个飞机上只有几位乘客,当时的情景,现在回忆起来真是让我有一种说不出的感觉。

在党中央、国务院的英明领导下,全国人民团结一致奋战SARS,及时有效地控制了疫情,我从中也经受了一次实战的演练。

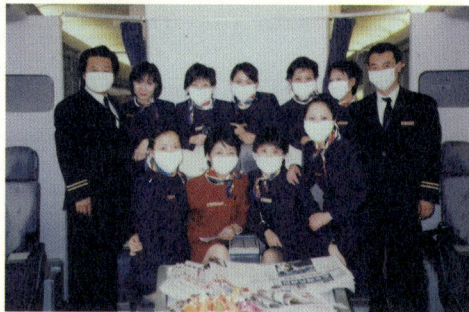

"优秀党员"是干出来的
"飞行第一"是拼出来的

在我的荣誉录中有"优秀共产党员"的称号,那是我干出来的。有特殊任务和特种情况,我肯定是走在前面的。这就是一个共产党员的政治敏感性和体现觉悟的先进性。2008年年初的南方雪灾、5月份的四川地震、8月份的北京奥运我都写了请战书。

我曾经拿过几次"积极飞行奖"。记得有一次,我以1300多小时的飞行记录,成为客舱服务部全体飞行人员中的第一名,那是我拼出来的。那个年代,没有飞行小时定额,所以没有小时限制,只要积极性。"有问题找David"不仅仅是在乘务员中,就连派遣单位遇到急难任务也找David。后来有了飞行小时的定额限制,主要是保证乘务人员的体力和精力,为乘客做好服务和安全工作,所以,那个"飞行第一"已经成为历史了。

只懂半个道理

1983 年，国航刚刚买进波音 747SP 型飞机，客舱门设有自动滑梯，此装置主要是用于飞机出现危机情况时，在陆地或水上帮助乘客紧急脱离和救生用。因当时维修基地还不具备叠置滑梯的能力，若到日本叠一部滑梯就需 5000 美元，这是一笔不小的开销。

当时，我任乘务大队三中队队长，正赶上乘务大队开展 TQC 活动，进行全面质量管理，我领导的几个 TQC 小组对此进行了研究，经过我们的努力和实践，我代表中队在乘务大队 TQC 活动成果发布会上发布了四项成果，其中就包括机门滑梯管理、分离器互检和复检、要求对门要互检、4 号和 6 号乘务长对所负责的区域门要进行复检。这四项成果的发布得到了 TQC 活动专家的肯定。有三项成果包括滑梯管理至今还在沿用。

当时我们的做法在乘务大队的其他中队中还有着不同的看法。个别中队的做法很简单，就是谁充了滑梯就处理谁。在一次干部讨论会上，就滑梯管理问题，我做了具体的解释和说明。我态度坚决地说："我们若只会处理人而不从管理上下功夫、想办法，那么这种干部就是只懂半个道理。"就是坚持"谁出了问题就处理谁"的那个中队，中队长和副指导员在带班时就各自充了一次滑梯。我们三中队由于坚持了自己的管理办法，从 1983 年到 1986 年间，没有出现滑梯失控的现象，因此受到了乘务大队的表扬。

TQC成果延续至今

开展全面质量管理活动,已经成为国航一些企业单位多年来改进工作,立竿见影的举措,其有效在于开展TQC小组活动,定期定项地解决各项工作中的难点和细微之处。从小方块入手,为企业的大方块立足、盈利起到了积极作用,至今国航质量管理部门还每年都做一些各单位TQC小组质量成果的发布会和表彰会。

1986年我担任乘务大队三中队队长期间,正是TQC质量管理工作的初级阶段,根据当时工作管理当中的薄弱环节,我们中队也积极地开展TQC小组管理活动,当时受到TQC专家郎正平先生肯定的有如下四项:

(1)滑梯失控的管理程序

(2)驻外航班上下组交接单的定型

(3)乘务组出港准备会的规范

(4)驻外乘务员房间的管理分配

从起初的滑梯管理对门互检,四、六号区域乘务长复检至今发展到五步——"一口令;二操作;三自检;四互检;五双人开门。"据不完全统计,滑梯充气到隐患,至今有35起左右。驻外航班交接单从钢板刻印、内容单一、纸张杂乱,进步为如今的打印、统一规范、内容较全面的格式,出差准备会已从过去的简陋房间、桌椅老套、内容单一,发展成为房间整洁、设备现代、规章健全、信息及时、和国际接轨的层面,让人振奋和感慨,回头看走过的路、做过的事,也有些自豪感——在客舱人的建设发展中,也有自己的一份贡献。

不当经理当CF

1996年6月,乘务大队为了方便生产调度,开始进行整编工作。我当时任七分部经理。

当时,我很矛盾,心里斗争了好长时间,但最终我还是做出了选择。按照当时公司职员的发展方向,选择做经理,也就是选择了管理领域,而如果选择做CF,那就选择了乘务专业。我静下心来,仔细地思考我到底喜欢什么、想要什么、这一生到底想追求什么、最终想将自己的价值在哪里实现、选择什么更有利于我的发展,更有利于实现我的人生价值。这些问题一直盘桓在我的脑海中。就我个人而言,我是一个外向型性格的人,乐于助人,喜欢奉献。当然看清方向,做自己擅长的、感兴趣的工作,是每个人事业成功的必要前提。这样既容易将事业做成功,也容易将自我价值实现,而且工作一辈子也不会厌倦、疲惫。同样的工作,做得出色就是事业,否则就只是职业。而我呢,更喜欢专业,喜欢每天和旅客打交道,在一线服务与管理上下功夫,为他们提供优质的服务,让旅客满意,这是我的兴趣。做这样的工作,我将会感到踏实、有激情,能体验充实感和成就感。客观上讲,一线的CF工作,当时的待遇相对较好。还有一点就是,工作年限较长,做CF可以做到55岁。

出于以上考虑,我最终于1996年8月1日建军节这天,正式任主任乘务长一职。由于我早期是乘务员出身,并且一直做这项工作,所以主任乘务长一职对我而言,轻车熟路,很快我就进入了角色。

做乘务工作30年来,我从未疗养过;30年中的29个春节中有26个我是在执行航班任务中度过的。之所以这样,原因不仅是责任与信念,还有工作热情和理想在起作用。所以,现在回过头来看,我当初的选择确实是正确的。可以说,我把握住了自己的事业,也把握住了自己的人生。我当初刚做出选择时,有很多同事以为我在工作中出问题了,或者能力不强,但是,我顶住压力坚持了下来,不仅体验到了快乐、成就感,也走出了一条成功之路。现在,同事们都认可了我当初的选择,也很敬佩我的勇气。我用实际行动证明了自己的能力,践行了自己的兴趣与理想,实现了自己的人生价值。我对这样的过程和结果很满意,也很自豪。

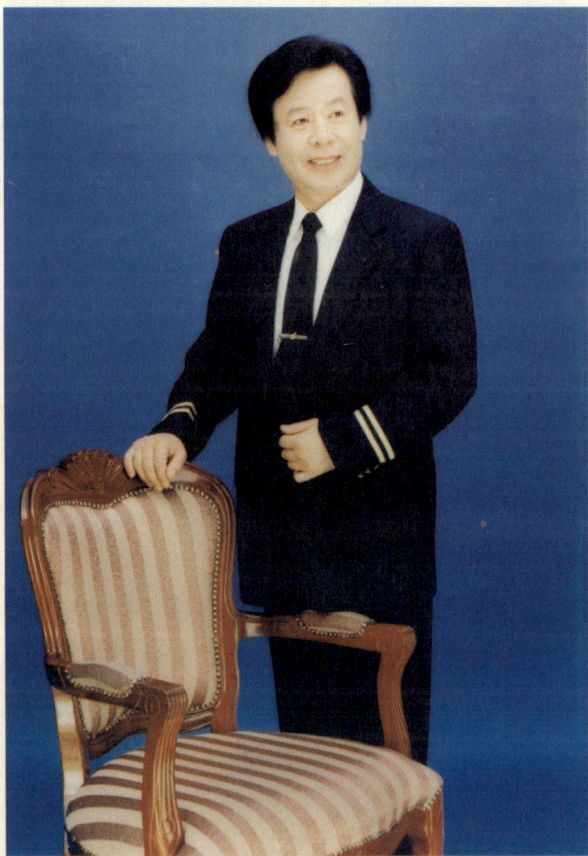

党员的责任
军人的使命

四川汶川特大地震使我们党经受了考验，军队经受了实战。我身为共产党员、军人出身、华夏儿女，在此大难中仅仅做了点力所能及的工作——捐了三次款、提前归队写了请战书，我总觉得自己还应该多做些实际工作。可中心的党组织和全体党员同行们还要推荐我为好党员，我心里很不是滋味，组织上和同行们的信任，这里深蕴着希望和期望。我非常愿意唱的一首歌就是《咱当过兵的人》：军装曾穿在身，咱当过兵的人把青春留给了军营，八一的生涯教会我如何向前进，性格还是军人的性格、精神将永存，脚踏着一方土，团结一方人，根扎在哪里，在哪里开花结果，工作在哪里，哪里面貌一新。放心吧，祖国！放心吧，人民！振兴中华有我，有我们当兵的人。懂得人民养育恩，为保卫祖国咱流血，牺牲的精神铭记在心，作风还是军人的作风，风险咱先行，脚踏一方土，洒出一片深情。

尽管如此，我还是要把近期的一点体会报告给同行，让我们互勉，为国家多做贡献。

自尊包装——职业形象

当排头兵向我看齐，讲执行力从我做起。首先尊重我所热爱的职业，学才有用。服务职业，特别是对人的服务，是最有价

値、最有境界、最有难度和最有收益的服务,因为对象是动感体。伟人毛泽东主席的名言就是"为人民服务"。其次是尊重自己。人生在世,"人生无悔",珍惜自己,善待自己,此乃不可违之古训也。"金无足赤,人无完人",如本人身材不高,俗称"半残"。我的包装方法是"把头发吹高点,把鞋底垫厚点,体态挺拔点,气质高雅点",看上去也能凑到一米七五左右。随着年龄的增长,为防止发胖,我的包装方法是:"用餐适量、睡觉适度、坚持锻炼、穿健美裤。至今背不驼、眼不花、面不皱、脑不乏、没有大肚子、不带眼镜子",身体各项指标都OK。说句演艺圈里的话,"你得对得起观众的收视率吧。"

自学赶超——外语提高

因为历史原因,学外语没赶上那趟班车。这就成了后来的工作重点、服务难点和展示亮点。人生大事,老百姓常说是"婚姻",而我认为是"求职",一个人有个好的职业,一路走来,一路走去,实属不易。"傻大兵学外语",有人开玩笑激励过;"发音不准,吃饱撑的",有人开心时评价过。不同的声音很有益处,前段听了一首歌叫《无所谓》,通过虚心学、脸皮厚、胆子大、勇实践就"有所为"了。如3月6日登932航班回京和12月13日933航班去法国,头等舱都有重要乘客——奥组委副主席兼秘书长王伟先生。王伟先生的英语是奥组委中最棒者之一。大家都知道,申办成功那天回答问题,就是他和何振梁老先生完成的。两次交流我们成了朋友,我真佩服他,他反而激励我说:"从你的广播中听得出你是一个十分敬业而富有激情的人,从你的英语、德语、法语的表达中看得出你是一个爱学习、爱工作的人。"同时,他对我的英语发音和口语编配提出了非常宝贵的个人体会,并赠送我奥运会纪念章,还写了一封意见书。

部队转国航
十个"第一"创辉煌

1. 第一个走上乘务工种领导岗位的队长、经理。

2. 第一个获得 IATA 国际民航运输协会培训教官证书。

3. 第一个在客舱部领导层荣获民航局"英语中级工程"合格证书。

4. 第一个成为在客舱部唯一荣获北京市考试学院和英国三一学院合办的"英语听、说五级合格证书"的人。

5. 第一个成为国航唯一开展"英语工程组"活动的带头人，效果优良，被众多媒体所认可。

6. 第一个能用英语从开出港准备会到工作的全过程，具有和国际接轨的行为，并获得乘务工种二级技师职业资格证书。

7. 第一个接受中央人民广播电台《午间1小时》栏目的专题采访(国航主任乘务长中)，现场向世界各地直播。

8. 第一个把一个群众性班组带成被《今日民航》杂志"空中骄子"栏目定名为"传播文明的国航英语乘务组"，而后，英语乘务组的优秀事迹被众多媒体所转载。

9. 第一个在全国民航主任乘务长中成为唯一能用多种语言向乘客广播并晋升高级主任乘务长的人。

10. 第一个夺得国航仅有的两次艺术节大合唱第一名并载入飞行总队史册。

David 2005年2月23日
元宵节

这一班既当"孙子"又当"爷爷"

平日里同事们见到我都称呼我的英文名字David，虽然我的年龄比一般的乘务员大，但被年轻的乘务员称呼David时，我仍然觉得自己青春洋溢、充满活力、激情饱满，精神头一点儿都不比年轻人逊色。正因为如此，我常常忘记了自己的年龄，总觉得自己有一颗年轻的心，那种感觉真的很好。不过，因为每天都会面对形形色色的乘客，所以那种美好的感觉也会偶尔被打破。

2002年夏季的一天，我执行从沈阳飞北京的航班，回程时得知头等舱没有客人。但是，有两位客人在登机前升到头等舱，地面服务员没有及时地通知我。这两位客人拿着绿色登机牌，一登机就坐在了头等舱的A、B座位上。我上前一步问："先生，能确认一下您二位的登机牌吗？"此时，坐在A座的客人指着我大声说："你他妈的装什么孙子！"我飞行20多年，从来没有遇见此种情况，当时被辱骂的感觉太难受了——脸也白了，心在剧烈地颤抖。尽管如此，我还是控制住了自己的情绪，耐心地对他说："我确认一下您的登机牌，有什么错误吗？头等舱是红色的登机牌，您的登机牌是绿色的。"这时，这位客人仍然大骂，而且还有要打人的动作。B座的客人劝阻他，他反而更加来劲了。这时，地面的男服务员跑来问出什么事情了，我问他："预报不是没有头等舱的客人吗？现在怎么回事？"他连忙解释说："是登机前补的头等舱，忘了通知您。"此时，我再也控制不住自己的情绪了，我大声指责他说："你为什么不及时通知我，我都给人当孙子了。"地面的服务员连声表示歉意。在我旁边的服务员都非常敬佩我的涵养，理解我的心情。此时，头等舱的客人也感到很不好意思了。为了航班的正点起飞，自己受了一个男人很难忍受的委屈。如果是在地面或在其他的场合，我肯定要讨个说法的。就是在机上我也完全有理由请示机长让这样完全不讲道理的乘客下飞机。但全体旅客的利益是第一位的，航班的正点是第一位的，忍了吧！起飞后，我们仍然对这两位客人履行了我们的服务职责。当我到后边经济舱里巡视时，那里有一位乘客和他的宝贝儿子非常高兴，可能是第一次坐飞机吧。小家伙刚刚5岁，天真浪漫、淘气好动，他看到我时，心里可能有点儿害怕，马上跑到他爸爸的旁边。我笑着走过去摸了摸他的脑袋，而后又像变魔术一样从身上拿出一个小玩具给他，小家伙玩得很高兴。看到他开心的样子，刚才遭遇不愉快的心情，也都云消雾散了。下机时，爸爸抱着他的儿子路过我的身边，教他的儿子说："快，跟爷爷说再见。"小家伙听话地对我说："爷爷再见！"我连忙应声："真乖。"

一班里当了一回"孙子"，又当了一回"爷爷"。人生的起伏真够大的，给人当"孙子"的滋味不好受，不过，说实话，被人唤作"爷爷"的时候也不是我心中所愿。两种称呼，恍如两种心情，权当作我空乘生涯中的又一种新鲜体验吧。

人格魅力乃我之源，勤奋进取乃我之翼。
珍惜人生乃我之本，乐观踏实乃我之力！
2005年3月26日
于伦敦

闲着、呆着——空虚
学着、练着——充实

"努力学习,锻炼身体"这八个字是我30年空中生涯驻外生活的主题。

学习重点是英语,因为学好英语是对洲际乘客的服务和沟通必备的技能。此外,我还学习了一些其他国家的语言,例如日语,最初是在单位参加了基础班。从音标和假名学起,为自学打下了基础。学习意大利语是向问询服务台的职员学习的。每次我去罗马,遇见杰克逊先生值班,我们都像老朋友一样。我带上几瓶中国啤酒坐在柜台外边,他在里面处理完工作就来教我。我们一边喝酒,一边学习,兴趣十足。意大利语的入门也是有一定难度的,但会了就自如了。我在机上广播意大利语,意大利的客人们都认可了。学德语,是在汉莎航空公司学习交流中教官教了一些;再就是向到法兰克福后接送机组的司机学习,他非常耐心,日子一长也就自然上口了。这名司机对机组人员非常好,工作也非常勤快、细致和准时,大家都称他为德国的"雷锋同志"。学习法语,是向国航在巴黎公寓工作的华人王大姐学习的。王大姐到法国近30年了,她对我诚恳和执著的学习态度很赞赏。她很耐心地教我,很快发音的要领我就摸索到了。学习俄语,是向机组早些年间驻地的莫斯科人民宾馆的俄方值班人员耶丽萨亚大姐学习的。有时我说的不对,她非常着急,好像在发脾气,弄得我很不好意思。当我说对了,她就给我鼓掌。我学习韩语和泰语,是向国航在该地的雇员学习的。主要是利用每次过站一个多小时的时间学发音、划音标,记住发音位置。粤语是向国航在广州招的小语种乘务员学习的,主要是在航班上边学边实践。现在服务用语和安全提示语、餐饮用语,我都已运用自如。这些对于我的乘务工作管理和操作都起到了积极的作用,我称它为"语言惊喜服务"。

锻炼身体是我驻外和在家的必修课。因为干我们这一行,没有好的身体是不行的。我们一起从部队来国航的战友们,有的因身体原因已早逝,还有的因身体原因停止了飞行工作。可我呢,每天穿上练功服、练功鞋走上几套套路,精神立时就不一样了。长航线休息值班时,我都因地制宜练上几手。这也来源于我老父亲的教诲和赠言:"精神饱满创事业,身体健壮走人生。"

3

机舱结友情

中国国际航空股份有限公司客舱服务部
党委书记李晓龙同志题词：

蓝天友谊
空哥风彩
　　　李晓龙
2008年8月1日

书法大师蔡清风：
闻其声,知其人

蔡清风先生是中国著名书法大师、教授、国家知识产权文化大使、中国民族器乐演奏家

雄飞

我弟弟李春瑞在深圳创业数年,现在已是当地名流了,他是中国民族管弦乐学会、葫芦丝巴乌专业理事、全国社会艺术水平葫芦丝考级考官、高级葫芦丝指导教师。他在香港有位非常好的朋友,就是中国著名书法大师、教授、国家知识产权文化大使、中国民族器乐演奏家蔡清风先生。

2008年7月上旬,蔡清风先生去深圳出差,和春瑞一起用餐,闲谈中春瑞说:"我二哥在国航工作,从事乘务30年了,现正在进行多年工作的文字整理,这本书很有希望成为一部专业的教科书。"蔡先生一听,非常高兴地说:"我经常乘国航班机,因为国航安全,服务质量也提高得很快,很多方面已超过其他航空公司。"

春瑞说:"我二哥是伴随着国家改革开放30年走过来的,他敬业爱岗,是国航客舱服务资深的空哥代表,可以讲八种外语,接受过很多媒体的采访。他多才多艺,在国航很有知名度,也是中国民族管弦器乐学会会员,是咱们葫芦丝的同行呢!"蔡先生说:"那太好了!"

那天正赶上我航后休息,中午1点多钟,春瑞跟我通了电话,介绍了蔡先生的身世,我也非常愿意和蔡先生交个朋友。电话一接通,蔡先生一口广东话,我们彼此先后问候,我感谢蔡先

生对国航的信任和认可以及对春瑞的真诚、友好,并期待蔡先生来北京切磋技艺。蔡先生也十分兴奋地说,来北京一定拜访。春瑞介绍蔡先生是著名的书法家,我立即请求蔡先生给本书题字增添亮点,蔡先生在电话中豪爽地说:"春瑞老师为人诚恳、善交好客,他哥哥也必定是兄长有佳,闻其声,知其人,我回到香港就写,以表友情,必须的。"

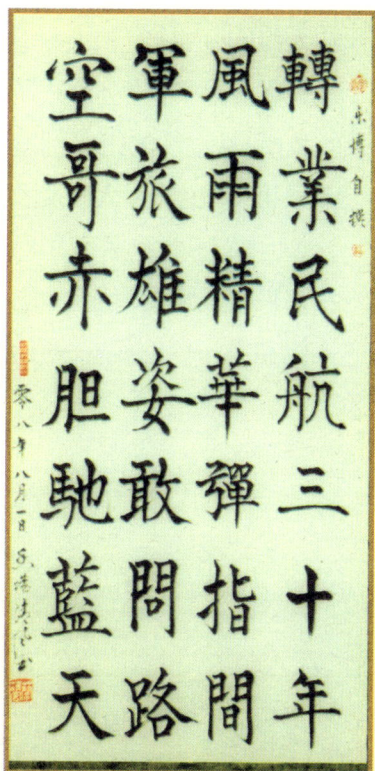

蔡清风先生赠予我的书法作品

69

巧遇第一代空姐"七仙女"

一次从东京回北京的航班上,客舱航医宋医生陪着一位精神饱满、体态结实,大约70岁左右的女宾坐在头等舱。

起飞不久,宋医生把我叫去说:"老李,来认识一下,这位是中国第一代空姐——十八姐妹之一的马洪志大姐。"我非常高兴地向大姐问好,从容貌上看,虽然大姐已年近七旬,可从精神头上还是体现出一个空姐的气质。一路上我们交流了很多关于空乘的故事,从空乘的组成到发展壮大,从中国第一代空姐到产生了中国第一代空哥,大姐和我都是空姐和空哥的第一代代表之一,这让我们感觉到骄傲和自豪。大姐和我合影留念,事后大姐给我寄来两本她撰写的《中国第一代空姐》的书籍。拜读后才知道大姐在第一代空姐——十八姐妹当中排位第七,大家都称她为"七仙女"。

马洪志大姐的著作
《新中国第一代空姐》

李春甫同志 大姐大
　　　　　 大哥大
新中国第一代空姐
王波志 2006. 4. 5. 于北京

陈铎老师一语"点睛"

2008年9月26日,我飞126航班从首尔回北京。客人登机时,一位头发银白、脸色红润、神情矍铄的老年人进入了我的视线,这不是中央电视台著名的解说、配音、主持人陈铎老师吗!他的声音是那样的浑厚、刚劲、有点有根、有激情、有个性。我立即迎了上去向他问好,并请他坐在公务舱后区无人的座位上。我当时的想法是求教他怎样提高广播质量的学问,陈铎老师高兴地接受了。

起飞后,我去征求陈铎老师对飞机滑行的安全提示广播、起飞广播、起飞后航线介绍广播的意见。陈铎老师听得非常认真,而后讲解得也十分真诚,他说:"你的广播音色节奏好,情感和发声位置都不错,但听得出来你是东北人。你们的女广播员声音和节奏都很好,就是情感上听起来是在念,仿佛离我们客人很远。应该是,说如同面对面,再一点是呼吸和停顿点还应该再提高,如:呼吸上要合理使用麦克风,不能让客人听见喘气和张闭嘴的声音。再就是停顿点,如第一句,'欢迎您乘坐中国国际航空公司班机从首尔前往北京',不能停在'首尔'处,应该停在'班机'处,否则就是空点了,不连贯、不顺畅。因为声音质量就如同一个人的脸和表情,是被人接受的第一印象,真情感受、甜美动人都在里面。"

听了陈铎老师的点评我非常高兴,也受益匪浅,真是"行家听门道,外行听热闹"。交谈当中,陈铎老师告诉我,他已经退休了,但一直很忙,他正和台里一起筹备为他个人主持、配音、解说50年的工作历程,组织一台专场晚会作为纪念。我急切地请求陈铎老师给我创造去观赏学习的机会,他高兴地答应并留下了联系电话以及右边这帧宝贵的题词。

刘长乐总裁的"凤凰"好看

和凤凰台刘长乐总裁在飞机上见面已经有三次了,他给我签过字并与我合过影。可当我赞扬刘总领导的凤凰台办得非常好时,他却说:"那些工作都是大家做的。"刘总真的很谦虚。

凤凰台开播这么多年来,总是让人感到耳目一新,不断进取。从《早班车》、《正点播报》、《晚间新闻》等多个栏目,真是栏栏有质量,目目有精彩。我每天除了看北京卫视、央视和机场电视新闻外,凤凰台的节目我也必看。特别是在国外,亚洲台、欧洲台、美洲台,全世界主要的地区都有凤凰台的转播,这是我们驻外精神生活的支柱。了解天下事,就看凤凰台。很多记者和主播的名字我都能脱口而出,节目的主旋曲就更熟悉了。

与刘长乐总裁同行,感受凤凰台魅力

凤凰台办得这么好,刘总的用人、用德、用才的理念真的了不起。让每一个员工为了凤凰台的事业尽心尽力、不怕艰险、不怕牺牲,哪里有大事,哪里最危险,哪里就有凤凰台的身影。我衷心祝福刘总裁和他的团队事业前程无量,并衷心地向他们道一声:"你们辛苦了!"

二〇〇三年二月廿世

终于和鲁豫"有约"

2005.9.14

和窦文涛"锵锵行"

和李辉"千禧之旅"

感受朱军的人生艺术

朱军老师主持的栏目《艺术人生》开播数年来,我一直是忠实的观众和支持者,就是驻外期间,只要CCTV4播放《艺术人生》,我必定要看,如果错过,回到家中,也要补看。我从中受益很多。人无论是在逆境、低谷中的挺立,还是在人生事业进入巅峰时的再拼,《艺术人生》都在告诫我如何做人、如何树德、如何尽力、如何成长。

朱军老师主持了多次的春节联欢晚会和大型的赈灾义演,只要有机会我都不会错过的。他的主持风格有激情、有真诚、有智慧、有超越。我在做客舱服务工作中,也是从中借鉴了很多的。对乘客的服务要真诚、对工作的态度要有激情、对处理解决航班中遇到的问题要有智慧、对如何提高自身的综合素质要有超越。

朱军
2007.6.30.

和"小崔"老师"实话实说"

　　小崔老师离开《实话实说》栏目后，我总是期盼在航班上遇见他，想知道他为什么离开这个栏目？

　　天赐良机，在从上海飞北京的航班上，我遇见了崔永元老师。春节联欢晚会他和赵本山老师还有宋丹丹老师合演的《实话实说》更让我开怀大笑、百看不厌、千听不烦。忙完工作后，我抓紧时间和小崔老师聊起了此事，才知道小崔老师在事业上并不是满足现状的。他说："给观众留下美好的印象是应该的，但更重要的是如何自己开拓事业和愿景。"后来，他又开辟了《小崔说事》、《电影传奇》等栏目，都是有很高的收视率的。小崔老师告诉我："过一阶段，我还有可能回到《实话实说》栏目。"对此，我们也非常期待。

　　从我们的交谈之中，我受到很多激励和启示：停步就是落后，不发展就可能被淘汰。2008年元月，我考下了二级乘务技师，这是目前本专业的最高技术职称。然后，我拿下了客舱广播的资格。同年6月28日，我又参与高级主任乘务长的竞聘。我对自己有信心，努力地去做才是我唯一的选择。

杨澜，我的榜样

从杨澜老师和赵忠祥老师做搭档主持到杨澜老师出国留学之后又到香港创业，并获得辉煌的成就，我一直对她十分敬佩。

她在莫斯科申奥成功时出色的英语陈述演讲令我十分钦佩。杨澜老师在国外留学没有白白地付出努力，英语讲得非常地道。我和杨澜老师以前见过一面，那是去上海，因为没有带相机，所以就错过了留影的机会，这一次是绝不能错过了。杨澜老师很平易近人，当我提出合影、签字的要求时，她愉快地答应了，并说："等一下，让我补补妆。"这足以说明她很注意自己的形象和对朋友的尊重。

英语是我从事乘务工作多年的必修课，从一个连 ABC 都不懂的大兵出身的我，到能讲八国语言的 David，我付出的心血和汗水只有我自己知道。我时常告诫自己学无止境，杨澜老师的创业精神永远是我学习的榜样。

杨澜
2007.12.4日.

李扬的配音，叫绝！

和李扬老师相识是在从香港飞北京的航班上，我印象最深的是他在《西游记》中的孙悟空配音，太好了，那叫绝！我飞东南亚几个国家，都有《西游记》的翻演，可对孙悟空配音的感受，都根本无法与李扬老师的配音相比。

其实，李扬老师在事业上的拼搏和成功更让我感慨，改革开放的大环境，对于每个创业人是公平的。李扬老师走出了一条属于自己的路，也教会我走出一条属于自己的路吧！

我也称"鞠萍姐姐"

称"鞠萍姐姐"不是年龄大小之分，而是称呼之别。鞠萍姐姐在屏幕上的表现，真的是让人感到她童心仍在、天真活泼。小孩子高兴了，大人自然也高兴了。

我称呼"鞠萍姐姐"时，站在一旁的乘务员笑着说："David，你比她大啊。"我告诉乘务员："我叫她'姐姐'，我不就年轻了吗?"大家一听都笑了。

国粹进宝岛

与京剧表演大师梅葆玖和他的琴师合影

很巧合,在飞机上遇到了梅葆玖和于魁智老师,他们都是从台湾演出回来。他们的共同体会就是台湾人民非常喜欢京剧,票友也相当的多。说起京剧我也是爱好者之一,当了8年兵,唱了7年"样板戏",在部队每年的冬季拉练时,我们主要是天天给拉练部队做鼓动宣传,晚上给当地老百姓演出。主要演员吃不消,因为我的嗓子不错,也当了主要演员的C角。部队要求是一专多能,其实我是搞乐队工作的,演《杜鹃山》、《智取威虎山》、《红灯记》我就是拉首席小提琴,演《沙家浜》我拉二胡和弹小三弦。

来民航后,我一直坚持早上健身和练声、吊嗓子。唱上几口,感觉真的很好。京剧是国粹,功底深厚,韵味十足,板式严谨,让人享受不尽的乐趣。

京剧名角
于魁智
99.12.23

向刘老师学钢琴得找机会

在"文革"时期就晓得著名钢琴家刘诗昆老师的知名度了，他弹奏的《黄河协奏曲》，那表演的风度、高超的琴技，那声势宏大、气壮山河的场面到如今都让人记忆犹新。

在香港飞北京的航班上，刘老师高高的个子，对人非常和善的仪态深深地征服了我们。我和他谈起音乐和钢琴时，他格外兴奋地说，他在香港办了一所培养钢琴人才的学校，和内地经常交流，他自己也频繁地往返于香港和内地几个大城市之间。因我在部队时去湖北艺术学院作曲系学习过，钢琴键盘乐器必须懂，因为它是作曲、和声、配器的必要条件。可要弹好钢琴却极不容易，我多么希望在有生之年能到刘老师的钢琴学校去进修啊！

李春甫先生留念：
在航機上與大
佬相識，甚為
高興，書以留念。

刘诗昆
2000年11月1日
於香港至北京班
機上。

真正的德艺双馨

有一年春节前夕，我飞澳大利亚悉尼航班，我在普通舱发现了著名歌唱家郭颂老师和克里木老师，一问才知他们是到悉尼参加华人春节年会的。我好奇地问两位老师："你们为什么不坐头等舱呢，就凭你们的歌唱艺术和年龄及影响力？"郭颂老师说："邀请单位也同意我们坐头等舱，可我们得为人家想想啊？我们两人头等舱票价很贵呀，人家挣钱容易吗？我们不同意。过年了，我们大家包括海外的华人高兴就好。"我从老艺术家的朴实言语中受到震撼，应该说，这就是他们的艺德和人格魅力。

老艺术家的激励

数年前一次飞张家口航班，正巧遇上八一电影制片厂的老导演——郑建石老师和电影艺术家李仁堂老师，他们到张家口参加一个剪彩活动，他们对我们的服务工作非常满意，因为他们经常乘国航班机，有比较才有切身感受。我在客舱巡视时，郑老师叫住我说："机长，这班的服务非常好，你应该表扬他们。"我笑着说："我不是机长，也是服务员。"他也笑了说："不是空姐吗，怎么还有这么大岁数的男的呢？"我恭敬地站在他们旁边做了自我介绍。李仁堂老师接着说："退下来以后，我们两人经常参加一些社会活动，做些有益的工作，我们今天去给他们写几幅字。"我高兴地说："郑老师您能否给我写几个字。"李老师说："这回你可求着了，郑老师从9岁起就开始练书法。"郑老师给我写的"精气神"和"稳处思赋"的格言一直在激励着我。谢谢二位老师！

郑建石老师（右）

李仁堂老师（右）

郑建石老师赠予我的书法作品

81

艺德高尚,人格淳朴

在一期朱军主持的《艺术人生》栏目,我看到了关牧村老师。我和她是同一个时代的人,她的经历和感受与我也有相似之处。

看到关牧村老师在工厂时的那些姐妹们上台拥抱她时,我也跟着控制不住自己的眼泪。她的人气高、台风正、艺德好,给工人、农民、解放军、各行各业的人群演出,都是那样的敬业、执著、一丝不苟,几十年如一日。在我和关牧村老师的交谈中,真是越谈越真诚,越谈越亲切,就仿佛回到了那个年代,因为我也是当时的工厂宣传队员啊!

爱的使者——濮存昕

濮存昕老师生在北京,曾在黑龙江插队下乡,种过地、牧过马、演过样板戏。说起来我们也算半个老乡。

濮存昕老师公众形象好,不仅仅是演艺好,更重要的是他所参与的是公益活动,如做"艾滋病宣传员",把爱送给那些不幸的群体。他所赢得的赞誉是非常难得的。我在机上遇见濮存昕老师是在普通舱,因顾及合影会影响到其他旅客,所以只留了字。有时候我想,濮老师不想坐头等舱吗?还是他买不起头等舱的票呢?我认为都不是,他就是要把自己融入于大众之中,为大众做善事、做宣传。这种高尚的人格、艺德,对我是极大的鞭策。我所从事的行业就是为大众服务的,要以濮老师为楷模,把爱献给广大的乘客,当好"蓝天使者"。

我的航天战友

聂海胜和费俊龙两位航天英雄在太空中展示国旗的情景，至今还让我兴奋不已。中华民族的振兴，高科技的腾飞进一步证明了小平同志关于"科学技术是第一生产力"的英明论断，这就是真理。改革开放30年的巨大成就，让世界震惊，让国人自豪。泱泱大国的形象屹立于东方，立足于国际之巅。在国际的大是大非面前，中国人有发言权、有裁决权了，那个"东亚病夫"的年代已经一去不复返了。

两位英雄的军人精神更让我留恋军旅生活。我们在合影留念时，我也情不自禁地告诉他们："我是从空降兵转业来民航的，从1978年改革开放到2006年已有28年了。"两位英雄一听抱着我兴奋地说："咱们是战友啊！"

2006.4.6

2006.4.6

缅怀曲艺大师马季

和马季大师的最后合影

从新加坡回北京的航班头等舱里只有一人,是曲艺大师马季先生,他的几个徒弟都坐在普通舱。见到他我高兴极了,因为他的相声太棒了,让人们笑口常开,快乐人生,我是大大的受益者,飞行驻外回来看看马大师的相声,哈哈一乐既倒了时差也调解了身心,同时也从中学到了很多知识。

1998年抗洪赈灾晚会上,马大师曾挥毫写下"爱心"两个字。我十分敬重马大师,所以也想请他写两个字。我一提出来,马大师就欣然接受了。他说:"写什么,写多大尺寸的?"我说:"写'乐博',即乐观主义,博大精深,大点儿好。"马大师说:"那就写一张纸的吧。"我觉得马大师一个人在头等舱很寂寞,就想把他的几个徒弟请来陪陪他。马大师高兴极了,连声说:"谢谢你。"他的徒弟们也都连声道谢。一路上大家非常高兴,并合影留念,马大师给我留了电话。到京半个月,他从杭州演出回来,就把写好的题词邮到了我单位。我立即装裱并悬挂起来,以鞭策自己。几年后,得知马大师突然病逝的噩耗,我十分难过,他给的字我已视为珍品,将陪伴我一生向前行。

和笑星李增瑞合影

和笑星刘伟合影

和笑星刘惠合影

和笑星王谦祥合影

马季大师赠予我的书法珍品

姜昆老师老谦虚了

一次春节后，我飞罗马后回京，曲艺大师姜昆和歌唱家吕继宏老师、甘萍老师，还有艺术家刘长和、刘长利二兄弟。他们的到来给我们的客舱带来了欢乐，带来了非常温馨的氛围，我得知姜昆大师一行受约参加海外华人艺术节一路十分劳累和辛苦后，几次邀请姜大师到头等舱休息。他却说："不去了，在这儿很好，他们也一样，踏上自己国家的飞机就回家了，也就不累了。"看到姜大师谦虚和蔼的笑容，我从心底敬佩他。

"想死你了"冯巩老师

"想死你们了！"已经成为冯巩老师在春节联欢晚会上的口头语。其实,我也想说那句话——"想死你了,冯巩老师！我就不信,在我的飞行生涯中碰不到你！"产生这个想法不久,缘分就来了。冯巩老师乘我们当天的航班去外地演出,我真的非常兴奋,他不认识我们,可冯巩老师的脸我们太熟悉了。当我们要求和他合影留念时,他高兴地答应了。他给大家带来了那么多的快乐和笑声,人们常说"笑一笑,十年少"嘛！

金斗、涌泉,让我开心

看了李金斗、陈涌泉二位老师给我的题词,我就想笑。因为两位老师对相声事业所倾注的心血是难以用语言和文字形容的。李金斗老师的逗哏那叫到位,不笑都得憋坏了。陈涌泉老师的捧哏,那叫出色,大是一个成功的"托儿"了。两位老师有今天的成就和人气,来源于他们永不休止的追求。一路上,他们一直在看书学习,很多乘客都看他们两个,包括我们这些乘务员。每次从他们身边走过时,都放慢脚步,原因是他们台上给我们带来快乐,台下也给我们留下了美好印象。

句号的风格

在当今小品人才辈出、竞争激烈的情况下,句号老师能在春节联欢晚会上有一席之地,说明他的小品风格不一般,已经被广大观众所接受。特别是在刻画人物的内心世界上是那样的淳朴、真诚,幽默感之强烈,让人们在回味中体会着快乐。

句号老师的小品有生命力,让我悟出了一个理儿:男人的事业不仅仅是拼搏,重要的是拼出一条自己的路。所以,我在做乘务工作时积极开动脑筋,挖掘潜力,找准突破口,发挥自己的优势。企业有市场,个人有价值空间,才更有现实意义。

春节快乐
句号
2008.3.13

方青卓的笑脸

她刚一登机就响起了哈哈哈的爽朗笑声,乘务员立即引导她入座。她把手搭在乘务员的肩上,那种亲热劲儿就像大姐姐、家里人一样。

她在影视中扮演的大部分是性格泼辣、风趣爽朗的角色。她把快乐带给了千家万户。我们从方老师的笑脸上领悟到了我们的微笑服务理念,我们把笑脸留给乘客,有时比送上吃喝还重要。当我们要求和她合影留念时,她轻声地对我说:"行,等客人都下机以后吧,现在影响人家休息。"

您们的笑脸,
是我们心中
的蓝天!
祝福您!
方青卓
2001
2.10日

范伟老弟，缘分哪！

我第一次看到范伟是在春节联欢晚会上他表演小品《牛大叔提干》中的秘书角色。其实当时他只是一个配角，主要是欣赏赵本山的表演。数年后的春节联欢晚会上，他多次的表演将他推上了实力派小品演员的位置。当时称为"小品铁三角"的组合，赵本山、高秀敏和范伟是最佳、最强的搭档。后来又看了范伟在电视连续剧中所扮演的药匣子、彪子和王木生等角色，东北人的形象真是太足了、乡音太浓了、表演太实了。我为能够结识这位东北老乡而感到自豪。

范伟的努力过程和不断进取的精神是我必须学的，应该说，范伟老师的长相并不帅，身体条件也一般，可他现在在观众心目中的形象是非同一般的。我更加期盼他和赵本山老师在春节联欢晚会上的合作，能够再一次让观众一饱眼福，一年都开心！

乔甫大哥：

快乐永远伴随您！

范伟

2000·10·27

大师的压力

　　徐沛东老师是著名的作曲家,很多歌曲广传民间,经久不衰,如《爱我中华》、《兵哥哥》、《辣妹子》、《走向共和》、《篱笆墙的影子》等等,应该说,徐沛东老师是高产作曲家。此次遇见徐老师是在他从欧洲开会回来的飞机上,他显得有些疲惫。聊天当中方知,徐老师已经是中国音协的党组书记了,同时,徐老师还是我的战友,他有15年的军龄,所以他写的歌曲是激情饱满、味感十足的。

　　我在部队文工团时也学习过作曲,深知其中的乐趣和艰难。当和徐老师谈起作曲时,他说:"近年很少接曲子了,因为工作担子太重、事情太多、压力太大了,想找点儿写曲子的时间都难。出国开会乘机就是休息,经常生活不规律,我的血压都高了。"他问起我如何从部队来民航的,我向他讲述了我来民航30年的经历。随后我向徐老师介绍我写《中国空哥》一书的本义,他非常高兴地向我祝贺,并提笔留字——空哥三十年,一生保平安!

空哥三十年

一生保平安

二○○八年十二月十八日

于北欧

CA 933

徐沛东

金色大厅的中国指挥家

我是酷爱音乐的,特别是交响乐,因为它格调高雅,气势磅礴,深受各国高知人士的喜爱。

彭家鹏老师在指挥方面的造诣是深厚的,他告诉我,他从小学三年级就开始指挥了,一直到现在。在维也纳金色大厅指挥中外交响乐团已经是第十次了。

我在驻外回来时,调整时差很重要的方式就是听交响乐。我是在电视上熟悉彭老师指挥风格的,他不亚于其他任何一位国际指挥大师。他对音乐的理解有特性、有深度。我常常被他富有激情的指挥所感染。所以,我在指挥艺术方面要很好地向彭老师学习。

过去国航两次艺术节,我指挥的大合唱都拿了第一名。现已载入总队史册。我把指挥歌曲的技巧运用到带领乘务队伍的工作中,做好客舱工作,就叫做——演好一台戏,唱准主旋律。

李光曦的健康之道

　　我是在飞往杭州的航班上见到李光曦老师的，我请他到了楼上的公务舱，主要是想向李老师求教一些歌唱的技巧。李老师身高一米八十多，体格健朗，背不驼，眼不花。我忙完工作后和李老师唠起家常，才知道李老师的老伴儿和孩子都在美国，就他自己住在北京。我问李老师为什么不去美国呢？李老师豪迈地说："我离不开我的祖国，离不开我的事业和养育我的这块土地。我现在仍然很忙，仍有领导职务，平时的演出也很多。"我问李老师他已经72岁了，为什么还有这么好的身体时，他说："我每天坚持游泳，其次就是唱歌和练声。"他又兴奋地说，"唱歌就是练气功啊。"当我谈起粉碎"四人帮"时他演唱的《祝酒歌》我也非常喜欢唱时，李老师说："这首歌音域宽，从最低到最高。要求音色饱满、节奏轻快、甜润明亮。一般歌手唱不了，你别看我现在七十多岁了，当我演唱这首歌时，仍然到位。这就是因为我有健康做基垫。"李老师的话让我领悟到"健康是人生之本，事业之基"的道理。

时代歌手李谷一

准确地说，我是听着李谷一老师的歌儿成长起来的，我也喜欢唱民族歌曲。李谷一老师的《年轻的朋友来相会》、《难忘今宵》和《迎宾曲》等好多的歌曲，我都能演唱自如，闲暇之际和驻外期间常常唱上几首自我陶醉。每逢单位搞文艺演出，我也时常上台唱上一曲，卡拉OK、朋友聚会就更别说了。所以，当我在飞广州回北京的头等舱里见到李谷一老师时格外高兴，也对她倾吐了自己的感受。李谷一老师精神状态非常好，她一路上都在阅读，给我极大的鼓舞。一个老艺术家事业在巅峰之时还在充电，我们还有什么理由不努力工作和学习呢？我把我的每一班服务工作都视为一场演出，从开幕迎客到认真投入演出，再到最后谢幕送客，可以说，喜爱歌唱给我的工作带来许多益处。

《难忘今宵》，难忘毛阿敏

《难忘今宵》是多年"春晚"的保留曲目，许多明星和歌手都唱过此歌。可是让我最感觉到如意的还是毛阿敏老师的韵味，原版地道。

春晚一结束，唱起这首不衰的老歌，让人有一种送走忙碌耕耘、获得丰收的一年，迎来充满生机、期待愿景的一年美好感觉。国家又长了一岁，我又长了一岁。在新的一年里，我的事业放在哪里？目标定在哪里？

看完"春晚"，一夜不眠，大年初一我又登机服务了，为广大乘客拜年，祝愿大家合家幸福、万事如意、国泰民安，我又情不自禁地唱起了这首《难忘今宵》。

92

四遇刘欢

2008年6月23日，从纽约回北京的982航班上，第四次遇见刘欢老师。用老百姓的话说，可能这就是"缘分"吧！这次遇见刘欢老师，说心里话，我觉得他比前三次遇见时显得有些苍老了，头发也白了一些。一聊起天来方知刘欢老师的压力很大，工作节奏很快，又授课，又创作，又演出，生活的担子也非常重。为了女儿在纽约学习，爱人陪读，自己常年跨洋奔波，关心备至。按刘欢老师的话来说："培养女儿已经超出了自己的事业。"这就是一个父亲的伟大吧，在这方面我也有同感。

前段时间四川汶川发生特大地震，在文化界的募捐赈灾晚会上，刘欢老师的真诚让众人肃然起敬。我评价刘欢老师就是："抗震救灾，慷慨解囊；培养女儿，情深意长。"

咱都是"当兵的人"

当刘斌老师的《咱当兵的人》音乐一响起,那真叫"威武震山河,气势扬军威"啊!我有幸在去武汉的航班上遇见了刘斌老师,一谈起是战友、是老乡,两人马上就零距离了。

虽然航段飞行的时间有限,但我和刘斌老师谈得很投机、很实在。他的创业过程是从京剧入行,后又入伍成为军旅歌唱家的,他的一举一动体现出军人的作风、东北人的性格。我告诉他,我在部队也有演了七年"样板戏"的经历,来到民航后多次演唱《咱当兵的人》,同时,这首歌也是我们朋友、同事聚会及单位联欢演出时的主打歌曲。刘斌老师一听非常高兴,他说:"我最近又创作了一首歌曲,你唱着很合适。这首歌的名字就是《咱当过兵的人》。"他哼着旋律,那气势威武的感觉仿佛又让人看见了千军万马的宏大场面。

刘斌老师回京后不久,就给我寄来了伴奏带和CD:"咱当过兵的人,脚踏一方土,团结一方人,根扎在哪里就在哪里开花结果,工作在哪里哪里面貌一新,八一的生涯教会我如何向前进……"

战友的感觉真好

CCTV 电视青年歌手大奖赛上，王宏伟老师夺得民族唱法第一名，那高音非常宏亮。因为我学过作曲，知道王宏伟老师的高音应该是顶区了。当在飞机上见到他的时候，发现他的个子并不高。因为我们是战友，一见就有情，再说我们还有同样的经历和爱好。

我唱歌的高音区解决得不好，因为我不是太专业，也有演唱技巧和发音上的问题。王宏伟老师在飞机上给我做了指导，并且鼓励我说："听得过去。"

记得，在飞荣毅仁副主席的专机时，我们在上海天马大酒楼联欢，我的《敢问路在何方》《说句心里话》受到在座的朋友们、同行们的赞赏。有个朋友说："我闭上眼睛，就仿佛是歌唱家蒋大为和阎维文在我的身边。"其实，要唱好歌，按照王宏伟老师的决窍就是下功夫，刻苦练习，动真情。

和闫维文"说句心里话"

闫维文老师的《说句心里话》等歌曲我是最爱唱的,那种情感我体会得很深刻。

军旅生涯对我的人生路绝对是根基、是力量。在部队时,训练、演习、支农、修靶场和机场,我都参加过。湖北的天气热,一个夏天过去就要脱几层皮。冬天又没有暖气,弄不好就冻伤脚和耳朵,真难为我这个东北人了,我想,这也就是部队的苦吧。来到民航后,还有什么苦我不能承受呢? 在北京工作了十几年后,说句心里话,想老妈、老爸。他们已是古稀之年、满头白发。想家的时候,就想帮家干点儿啥。在部队想,在北京更想。努力工作吧,我把二老接到北京享享福,他们为了我们这些孩子,付出的太多太多了。

96

永不言败，你最高

戴玉强老师在当大奖赛评委时说的几句话让我至今难以忘怀，他给选手点评时说："我也是参加大奖赛一关一关闯过来的，第一次被淘汰，第二次没有名次，第三次才入格，才有今天。"这就是中国的帕瓦罗蒂所走过的路。

对于每一个男人成功都是十分向往的，可成功的人有多少呢？百分之一、千分之一还是万分之一？戴玉强老师成功的路，让人深思和回味，那就是永不言败、绝不放弃。"三十六行，行行出状元"，就是这个理儿。

王世林报道中国

王世林老师主持的《中国报道》栏目，我认为属于高端规格、与众不同的栏目。主持人必须懂得世界各国的风土人情、文化、地理、风俗、习惯、政治、金融等方面的知识。我看王老师的栏目主要是想丰富自己的知识范围，加深对各个领域的深层认识和理解，这对于我做好为来自世界各地乘客的服务工作是非常有帮助的。在此，我感谢王世林老师！

将相本无种，男儿当自强

农村孩子成为大家所喜爱的歌手是天分还是机遇？满文军给我的回答是："努力和勤奋。"

去汉城的飞机上我见到了满文军，我很喜欢他的一首成名曲《懂你》。可我一唱就是民歌味儿，有的朋友说："你这是在糟蹋歌曲。"可满文军告诉我："我平时就是多唱、多体会。日久生情，唱歌和说话一样，你要想唱好、打动人，你就得体会人的感情。"他这话真的和我们服务工作中的"四心"服务有同样的理念——"放心、顺心、舒心、动心。"

"梁山好汉"周野芒

飞上海的航班上，周野芒老师携夫人一上机我就认出他——"林冲！"因为我非常喜欢看《水浒传》和爱唱《好汉歌》，男人嘛，总是要有一种仗义气概的。

在笑谈之中了解到，周老师扮演林冲这个角色意义非凡，而且他把这句话给我做了留念——低眉英雄。

人们在社会中，就是在扮演着不同的角色，就看你如何装扮和演绎。我的角色就是空中乘务员，过去，人们一提起空中乘务员总认为就是空姐，可现在空哥在飞机上的重要作用已经被更多的乘客认识和接受了。经常乘国航航班的一位朋友说："看见你这样的男乘在飞机上，踏实！"

"愚公移山"数江涛

　　毛泽东时代的"老三篇"我可以倒背如流的,《为人民服务》、《纪念白求恩》、《愚公移山》,我现在还能背诵。江涛演唱的《愚公移山》是他的成名曲、主打歌。他的唱法是流行唱法,我也学过声乐,是民族唱法。

　　我和江涛见过几次面,彼此以朋友相称,我也经常在其他朋友的聚会上唱《愚公移山》,我要的是那种精神,管他什么唱法,很快就能学会。我也把这种愚公移山的精神用到学习外语上。尽管年纪大了些,基础差了些,有了愚公移山的精神,外语的难关不算什么! 我不但学了英语,还学了法语、德语、日语等八个国家的语言,并能够轻松自如地应用到客舱服务中。

韦唯的"亚洲雄风"

1978年,党的十一届三中全会确立了改革开放的大方针。12年后,我们就成功地举办了十一届亚运会,并获金牌总数第一名的佳绩,超越了韩国和日本。在改革开放30年之际,我们又成功地举办了第二十九届奥运会,这都充分地证明改革开放的路子对了、国家强大了、人民富裕了。《走进新时代》那首歌的歌词就是:"我们唱着东方红/当家做主站起来/我们唱着春天的故事/改革开放富起来/继往开来的领路人/带领我们走进新时代/高举旗帜开创未来……"

话又说回来,在十一届亚运会开幕式上,韦唯和刘欢的《亚洲雄风》唱出了国人的力量、士气。韦唯那宽厚、扎实、洪亮的韵感,让人听着过瘾。在通俗歌手中,我喜欢韦唯的演唱风格。

当时,我带领总队合唱队参加公司举办的合唱比赛,唱的就是《亚洲雄风》,我们夺得了优胜奖。在乘务大队开展的"迎亚运,三热爱"劳动竞赛中,我们二分部团队荣获了第一名。

青春永驻，讲真传

　　香港歌星谭咏麟"年年25"，被人传为佳话。其实，据我所知，谭老师的年龄比我还大一点，他年轻的心态和青春的举止让人敬服，可以说，他是香港歌坛上的常青树。

　　在大型的赈灾义演和其他的大型演唱会上，总能看到谭老师的身影。他的歌唱和表演一点都不比年轻人逊色，而且时代气息浓、歌唱风格优美，所以我以谭老师为心态偶像——忘记年龄，永保青春活力，就是要潇洒走一回，坦荡干一番自己喜爱做的事儿。

多年偶像人气旺

　　一把火烧红了全中国，费翔老师的形象和演唱风姿被中国各层人群所接受，歌曲的音色甜美而不拘谨，动作潇洒而不过分，所以费翔老师的人气一直很旺。我在飞机上要求和他合影、留言时，他很情愿，而且拿出自己的专用签名笔签名。

　　我觉得，费翔老师的演唱非常有生命力，他的风范也告诫我做事要适度、适量、恰到好处。

101

玩大片还得冯导

2007 年末，几部贺岁片的炒作，宣传广告是铺天盖地的，可当我亲眼欣赏到这几部贺岁片的时候，让我受到震撼的还是冯小刚老师的《集结号》。我有过军人的经历，虽然没有上过战场打过仗，可部队的军事训练和实战演习我是参加过的。一个军人是必须具备牺牲精神的，这是他的使命。平时，我非常喜欢看过去的老片，如《南征北战》、《上甘岭》、《渡江侦察记》等等。至今，在我身上仍然保留着军人的作风和气质，我在客舱为乘客服务时的举止，包括我对客舱广播的音色，有的客人就问我："你当过兵吧。"我说："你猜呢?""一定是。"

和张国立探讨"想爱都难"

张国立是重量级、实力派演艺家，他拍过的很多影视作品，因为飞行工作的关系，我都是断断续续看的。

可他演的《想爱都难》的电视连续剧真的打动和感染了我，我专门买了光盘，在家和驻外时一口气看完了，有时心情振奋，有时热泪满面，有时开怀大笑，有时思绪万千。主人公从一个资深的编辑下岗后，当过保安、司机、家庭教师、书店老板和总经理助理；他孝待岳母，抚养残儿，对工作上、事业上的沉浮磨砺，情感上、生活上的风风雨雨，都充分体现出一个男人的或坚强或脆弱或尊严或无奈，可以说，他是我生活中的一面镜子、工作中的一束火炬，这也就是艺术的魅力吧!

张艺谋，智谋奥运开幕梦

"同一个世界，同一个梦想"，这是中国人民对全世界的承诺，我们做到了。特别是开幕式的大幕刚刚拉开，世人便不由得震惊、感叹，诸如"太棒了！"、"绝了！"、"盖了帽儿了！"、"这是有史以来最精彩的奥运会开幕式！"等一系列溢美之词都用上了，也难以完全表达人们对北京奥运会开幕式的情感。

著名导演张艺谋，从莫斯科成功申办奥运会的简短宣传片到奥运会开幕式的大作，都足以证明他艺谋高超、才华出众，这说明了当初奥组委对他的选择是正确的。

我初次在头等舱见到导演张艺谋和著名影星巩俐是从巴黎回北京的航班上，他们参加巴黎电影节获奖归来。张导的《红高粱》拿了大奖。此后，又有一些出于张导之手的影片陆续获奖，真是个个有特色、有质量、票房收益高。

"2008"百年奥运圆了国人的梦想，也是中国改革开放30年取得巨大成就的体现。我们国航客舱人是奥运会唯一的承运人、合作伙伴，我们要向张导学习，一步一个脚印，一步一个精彩。

广结欢喜缘

广结欢喜缘
共观喜缘
"济公"
游本昌
二〇〇〇年十月十六日
于1201航班上

游本昌老师给我的题词我很珍视，每当我看到这帧题词时，就会忆起与游本昌老师夫妇在飞机上的情景。

记得是飞往南京的航班上，他老两口坐在公务舱。游老师演的《济公》我是百看不厌的，因为从中可以领悟出很多的人生哲理。看见老两口精神好，谈笑风生，让人钦佩。游老师对我说："咱俩有缘呢！"他又坦诚地说，"自从演了《济公》以后就改变了我的人生理念，人和人都是有缘分的，我们老两口和你还有在座的各位乘客就是一种缘分嘛！"

从游老师的举止潇洒、目光明亮上看，根本不像近70岁的人。他自己创办的"北京本昌文化艺术传播中心"，受到了国家领导人和各界人士的肯定。我把游老师的"缘分"理念也引入到我的实际工作当中来，对乘客、对同行、对朋友有缘在先，有情在前，不亦乐乎？

李幼斌，戏演得真棒

1997年3月，我执行的北京飞往大连951航班上，刚起飞不久，普通舱的乘务员来找我，说："普通舱有几位乘客要求把播放空中博览的影幕关掉。"

我来到了普通舱，看到离屏幕最近的一排坐着几位身上佩戴黑纱的客人，其中一位中年女子眼睛哭得红肿，手里还捧着一个骨灰盒。

我问旁边的一位中年男子："为什么要关掉屏幕?"这个中年男子告诉我说："我们刚刚参加完葬礼，心情不好，想安静地坐一会儿。投影仪太晃眼睛，能不能关掉?"我说："航程中飞机上播放空中博览是向客人介绍空中景色和自然风光的，也是航空公司对外的一种宣传，是必须要播放的。不过，让我想一想怎么办。"关掉屏幕，别的客人看什么? 可不关，看着他们那么疲惫、那种心情也实在不忍心。我立即告诉这几位客人："请你们跟我到头等舱里来坐吧。"当天头等舱只有两位客人，那位中年妇女和周围的陪同人员都很惊讶，抬起头看着我。我连忙说："你们都很累了，头等舱人比较少，你们好好地休息一下吧。"随后，我带着他们到头等舱就座。然后，让乘务员为他们拿来了饮料，并把客舱的灯光调暗。那个中年男子连声道谢。

后来，我通过这个中年男子了解到：这是一个剧组，当时正在北京拍戏，著名演员李幼斌也是这个剧组的演员。就在三天前，导演的7岁儿子在骑自行车时，不慎摔倒了，自行车车把插进了肚子里，因抢救无效而死亡。剧组只好中断拍戏到大连安葬孩子。中年女子是导演的妻子，中年男子是孩子的大爷。

50分钟后，飞机安全抵达了大连。那个中年男子突然单腿跪在地上并拉着我的手说："谢谢你，大恩人！你真是个好人啊。"我急忙把他搀扶起来。

10年后，2008年4月，我从南京飞回北京时，在飞机上看到了李幼斌老师。他刚上飞机我就认出了他，并跟他打招呼说："李老师，您好！"他当时戴着墨镜向我点了点头说了声："你好！"然后，坐在了头等舱的最后一排，就看起报纸来。

飞机起飞后，工作之余，我走到李幼斌老师的身边，低声地对他说："李老师，您能来前面的服务舱吗？"起初，李幼斌老师有些惊讶地看着我，说："有什么事吗？"我说："请您来一下吧。"他随我来到了前面的服务舱。我说："李老师你还认识我吗？"他仔细地看了看我，摇摇头。我说："10年前，你是不是乘飞机从北京去大连？一个小孩儿的不幸，我帮你们……"话还没有说完，他就双手拉着我的手说："哎呀，李经理，是你啊！导演和大家事后还找你呢，由于当时心情不好也没有留下你的联系电话，太谢谢你了！"

我和李幼斌老师聊了一会儿，我说他最近的几部片子拍得非常棒，我非常喜欢看；他也称赞我的工作，他也很羡慕。然后和我合了影并签了字："空哥很棒！"

空哥很棒
李幼斌
2008. 4. 16

宋丹丹真漂亮

数次的春节联欢晚会,宋丹丹和赵本山合作的小品,那真叫好,相当的受欢迎。很多观众就是在等着看他们的小品,否则兴趣不足,早就睡了,我也是他们的FANS。

宋丹丹老师的气质和性格跟春晚小品中所扮演的人物有着天壤之别。小品中她扮演的是老大娘,可现实生活中的她,看起来是那样的精干和爽快,没有明星架子,非常容易接近,让我觉得宋丹丹老师在影视明星当中具有一种特殊的美——She is very beautiful!

她给我们带来那么多的生活快乐和精神享受,无论你多么的富有或多么的贫困,看了她的节目都能从中得到快乐和开心!

我的老乡凯丽

"老乡见老乡,两眼泪汪汪,乡音难改,乡情难忘。"在飞机上听到一句家乡话,立即就会感到温暖和亲切,有事好办,有问题好解决。

当年凯丽老师所演的电视连续剧《渴望》红遍了大江南北,收视率极高,那首歌曲《好人一生平安》家喻户晓,她扮演的刘慧芳更是感染和教育了数万人,她的角色对人、对家庭、对社会的触动太大了。我也是深受激励者之一,做人办事就要老老实实、任劳任怨、吃亏让人、受屈是福,应当成为一个人的美德。

当我对凯丽老师说起我们是东北老乡时,她非常高兴,连声说:"老乡,你的工作多好啊,每天都在旅游,要珍惜啊!"

"要珍惜"——这三个字,我会永远记住的!

焦晃的个性

我看了很多有关皇帝的电视剧,焦晃老师演的雍正老皇帝让我倍加敬重,雍正在皇权宝座上治理国家,决策是那么的果断,可在处理皇家生活中的琐事上,却人情味十足。对大人批评无情,对小孩儿宠爱有加。

其实,我对焦晃老师的初次印象是因为看了他演的皇帝戏。在飞机上,我和焦晃老师谈起他演的电视剧,他告诉我说:"我这个人不轻易接戏,要接就要负责任,就要演好,就要对得起观众。'认真'是我这个人的特点,可有时候认真得过了火,很多人都怕和我搭戏,因为我经常半夜三更找人家说戏。否则,我这一夜都睡不好,可人家也被我折腾得一夜睡不好了。"

我敬重焦晃老师的认真态度和负责任的精神,并把它融合到我的实际工作当中去。

焦晃
2005.3.8

古月老师太像毛主席啦!

在文化大革命时代,到北京接受毛主席检阅红卫兵是我当时的最大幸福和骄傲。在工人体育馆,准备军训近 20 天,盼的就是见毛主席一面。接见那天,早上 4 点钟就出发,走到东单坐下来,直到上午 9 点钟,毛主席出来接见。军代表告诉我们:"毛主席就是天安门城楼中间挂着的主席像上面的那个人。"因为受检阅的队伍离天安门的距离有百米左右,接见一开始,《东方红》歌曲一唱响,接见的队伍一批一批地经过天安门广场,大家一欢呼、一兴奋、一激动、热泪一盈眶,就什么都看不清了。只能看到一个身材高大的人。那时的我多么盼望能近距离地看清毛主席或是与毛主席照张相啊!

这次在飞机上遇到了古月老师,从我的经历和见到的照片,觉得他太像毛主席了。那么多演主席的特型演员,古月老师的综合条件是最好的。我和古月老师合影时,就仿佛已经真的站在了毛主席的身旁。

唐国强的"演"神

演唯心作是事
功底雄厚作是事
某甫先生：
唐国强
2005.7
1301

看过唐国强老师早期演的那些电影，只是感觉到他太帅了，可以和老电影艺术家王心刚老师相提并论。可近来，唐国强老师演的一些大人物，如毛泽东、雍正皇帝，则让我感受到他的演技成熟了、功底深厚了。事实上，演毛主席，他的条件和一些特型演员相比并不占优势，可他在演技、气质和风格上一点都不差，而且还有超越。他演的《长征》，我是没有间断地看完的，非常受教育，他演毛主席不但形似，而且神更似。

有人说："有的人演的是风流皇帝，有的人演的是家务事皇帝，可唐老师演的是勤奋、操劳国事的皇帝。"

"铁榔头"

在飞机上合影,郎平坐着我站着,因为她在我心目中的形象太高大了。中国女排五连冠的辉煌,在关键时刻都是铁榔头一锤定音。数次女排世界大赛,我都是必须看的,无论航后有多累和倒时差几点钟,因为从女排的身上能看出一种精神——为了祖国的荣誉敢打敢拼,"敢"字当先,赢在情理。看数次比赛都让人高度紧张,用"停止呼吸"来形容都不过分。一锤定音,中国又赢了,欢呼、拥抱、泪水、荣誉,郎平"铁榔头"的拼搏精神鼓舞着我。从事乘务工作,我也应该有一种勤奋拼搏的精神。

有实力,遇见谁打谁!

著名的女排教练袁伟民有句名言:"有实力,见谁打谁!"是当时给曾经夺得五连冠的中国女排提出的要求。乒乓皇后邓亚萍也是最好的例证。我的人生偶像是"老瓦",女同志当中我最佩服的就是邓亚萍了。论出身和条件,她都不占优势,可为什么能够成为乒乓皇后呢?就是她的精神、品质、毅力、责任加苦练"打"出来的。她从不讲客观、不论条件、不怕抽签、不说"不"字,这就是邓亚萍,这就是实力派,今天邓亚萍的成功是必然的!

111

学冠军，当排头

● 和体操冠军凌洁 刘璇 黄爱丹合影

● 和体操运动员肖俊峰 黄旭 杨威合影 邢傲伟

● 和乒乓球冠军孔令辉 丁松合影 刘国梁

当见到这些为祖国争得荣誉的世界冠军们时，我从心往外非常敬佩他们。虽然他们年纪很轻，可训练起步很早，就是说，从娃娃时就开始训练了。能有今天的成就和荣耀，他们自己最清楚那是付出的汗水和心血才换来人生的价值。

每当我看到他们站在领奖台上，升起五星红旗奏响国歌之时，我都非常兴奋，被他们的拼搏精神、不放弃的精神所激励。从而下定决心，要学冠军做好本职工作，当好排头兵。

少帅，太棒了

　　在印象当中称为少帅的是战争年代的张学良。可如今在中国体育兴盛的时代，也有两个"少帅"：一是"少帅"蔡振华让中国乒乓国球打了翻身仗；二是羽毛球总教练"少帅"李永波。

　　中国羽毛球虽不能像乒乓球那样成为国球，可在中国体育界，在世界大赛中也是拿金牌的大户。2008年奥运会，我们更有期盼。从我和李永波少帅的交谈中，看得出他的决心和意志——拿金牌，为祖国争光决不含糊。同时，李永波少帅还是一个高水平的歌手，他的演唱也给我一个新的理念——唱好歌既陶冶人的情操，也能调节人的心情，还能开发智慧、强健身心。

老枪不老王义夫

　　这把老枪几夺奥运金牌，国旗飘扬，国歌高奏，让国人荣耀！可他自己的付出太大了，记得有一次他竟然晕倒在赛场上。我看几次现场画面，就流几次眼泪。为祖国争光，为国人争荣，那种精神和意志，太是我的榜样了。

　　很多人的运动生涯很短暂，可王义夫老师的运动生涯超出了几代人，这真的触动了我，我也不老，不要叫我"老李"，我叫David！

郝海东，为中国足球你尽力了

回想起韩日足球世界杯，中国队出线了，有资格参赛了。虽然结果不尽人意，可还是要提一提郝海东。他确实尽力了。他头部受伤，包扎上阵的情景让我感动。如果每个中国足球运动员都能像他一样，我们就会看到中国足球的辉煌。

海东，有你这个前辈树立了"拚"的精神，应该是晚辈们的榜样。我们更期待着有更多的"海东"足球强人出现，你对足球的尽力，也促进了我对乘务工作的尽力。

人，要有一种精神

中国女排五连冠，创造了历史，已经成为中华民族的骄傲。现在的中国女排也正在努力拼搏，发奋继承老女排的辉煌，但谈何容易啊！大家要问："谁能成为当年的核心二传手？女排场上的灵魂孙晋芳大姐的精神哪里去了？"

孙晋芳大姐的精神非常重要。大到一个企业，小到一个人不都应该有一种精神吗？我给自己的精神定位是：男人之真，终身学习！

我心中的偶像"老瓦"

　　瓦尔德内尔——中国几代体育迷都熟悉他,更敬重他,因为他和我国的几代乒乓球国手争战多年,而且成绩显著,是大满贯冠军之一。我喜欢他的乒乓球艺,但我更敬服他的精神,四十几岁的人至今仍活跃在乒坛上。他对乒乓球的执著,对乒乓球事业的贡献,让众人敬佩。近二十年来,我一直把他作为我工作、学习、生活、事业的榜样。如果说,我状态好、精神足、有朝气、有灵感、有作为,那么,老瓦这台内燃机就是原动力,他是乒坛长青树,我是空哥不老松。

客舱三模特

我在和她们三人的飞行服务工作中，感受到她们不仅是身材好、容貌出众，经常被客舱选中代表客舱人参加各类社会活动，更重要的是她们的综合素质和具体的服务工作技能也非常好。

她们也给我一个提示，我虽然当不了客舱的男模特，但我可以努力工作、加倍学习，提高自己的素质和实力，争当客舱空哥当中的一面旗帜。

我与国荣兄的空中情

我与国荣的友情很深,我做乘务,他做保卫和空防,我们经常有机会在一个组工作。他的书法很好,我会吹拉弹唱,虽然不属同类爱好,但艺术的感觉使我们息息相通。得知我要写书,他欣然给我送来墨宝,以表祝贺。

国荣的书法赠言

爸爸，我也当空姐

儿时的李丁就在畅想，长大后也要
像爸爸一样——在天上飞

　　很多乘务同行都不愿意让自
己的孩子做与自己同样的工作，原因是大家深知客舱服务这一
行太辛苦、太劳累了。

　　我问女儿李丁："为什么要当空姐？"她告诉我："你干空乘这
一行，津津有味、有声有色，你的很多思想和行为让我感动、认可
和信服。你太爱你的工作了，我经常看与你有关的、曾经刊载过
的《国航就是我的家》、《服务需要阳光心态》、《中国第一代空哥》
和《国航有个外语真牛的主任乘务长》等文章，看一次有一次的
启迪。当空姐不仅仅是绚丽和耀眼，更重要的是爱心和奉献。
我觉得，从事爸爸所热爱的工作是我的幸运和骄傲。"

空哥、空姐蓝天畅想人生梦
天地海内服务五洲性善缘
空哥：李春甫　空姐：李丁
于2008.6.20.981纽约.B-2443机上

我与女儿李丁在同一航班上

4

**高素质的
国航乘务员**

中国国际航空股份有限公司工会副主席、
客舱服务部原党委书记陈邦茂为本书题词：

客舱挑头兵，
乘务训心人

陈邦茂　二〇〇八年三月十日

外航学习是机遇
提高素质靠自己

1989年10月新航学习开眼界，2000年10月德国学习语种多。

和国际接轨是国航客舱人的趋向，不断地充实自己和提高工作质量，也是我学习追求的方向，我牢记我两次主要的外航学习机会——

第一次是1989年到新航学习使我真正看到世界航空公司客舱服务一流的风采，收获有两点：第一，是职业形象的首选，新加坡的乘务员们不是每个人都漂亮，但每个人的职业、形象、仪表、着装确实到位，看上去太专业了，男的帅气，女的苗条。第二，就是综合素质的体现，整体素质均衡，语言、微笑、行为、举止，都让人接受得很舒服。多年来我一直视新航乘务员为样板。

和新航服务员在一起

第二次是2003年去德国汉莎学习，我收效最大的就是多学几种外语的启迪，教官每天教几句德语，学着有趣，他们业务部门最受尊重和敬佩的就是一个精通四个国家语言的女主管，由此我就产生了多学几种语言的"惊喜服务"的想法，而且在实际服务工作中，收效是非常明显的，也成为我当空哥多年的一个亮点。

和德国教官在模拟舱

在新航学习交流

德国机长赞DAVID

国航参加"航空联盟"后,我们在飞行中,经常可以遇见一些外国机长,同时执行飞行任务。起初有些紧张,但语言一沟通,也就迅速地缩短了距离,增进了信任。

一次飞法兰克福,我用德语广播,平飞不久,外国机长从驾驶舱出来问,刚才是谁用德语广播的,我说:"我说得不好。"他高兴地说:"你讲得很好,德国客人听得懂,我还不如你,一点儿中文都不会说。"接着他又问,"你从哪里学的德语?"我说:"是从客人当中和每次接送我们的司机那里学的。"他高兴地说:"今天你教我几句中文。"我也高兴地用德语说:"可以。"

老天无情，客舱有爱

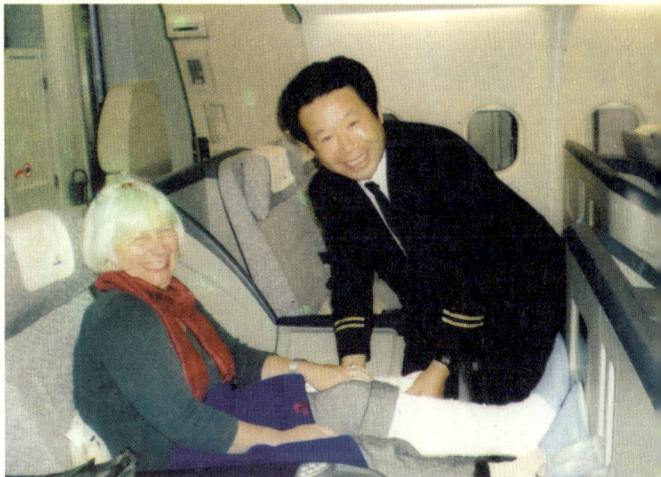

　　2008年7月4日晚上一场罕见的大雨造成了首都机场150多个航班取消——待发的飞机走不了了，外面的飞机也回不来了。

　　一对英国老夫妇乘当日的107航班去香港，他们是来中国治腿病的，腿病基本好转后他们经香港回国。可老天不作美，当天107航班取消了。根据《民航法》的规定，因天气原因航班取消时，客人的费用和安排自理。老两口因进城住旅馆不方便，就在机场候机厅内的椅子上躺了一夜，很是辛苦。第二天，他们拖着疲惫的身体，登上我执行的101航班去香港时，老妇人几乎连下轮椅的力气都没有了。当时，我和乘务员把她抱下了轮椅，老两口是普通舱第一排，老先生告诉我："我们已经来北京三个月了，赶上了四川地震，把看病剩余的钱都捐给了灾区，因此我们老两口就没有买高舱位。"

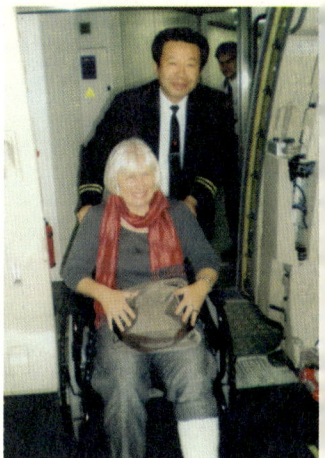

　　当时，我和乘务员们都很受感动，我当场决定给老两口升到公务舱。我告诉公务舱的乘务员，这是我们的特殊公务客人，老两口对我的举动很是感动。昨天受了一夜罪，今天上了航班享了福。老人说："It is really very kind of you! Thank you so much!"

　　落地前，我们为老人准备好了轮椅，并协助他们下了飞机。他们走了很远还不断地回头向我们招手呢！

空姐不慎有误，DAVID 处理弥补

　　我曾经问过一些年轻的同事："如果由于你的失误给乘客造成了一定的伤害，你的第一反映要做什么?"几乎百分之百的同事都说："道歉，说'对不起'。"

　　可是在我看来，道歉固然是一种必不可少的态度，但先对所造成的后果进行处理后，再道歉更应视为一种最佳方案。这是我工作的一个理念，也是我在工作当中总结出来的经验。

　　有一件事，我在本书前面简单地提到过，这里我再细说一下。2005年秋天，一次飞往东京的925航班上，大家正在按部就班地工作着，突然从普通舱的前右通道靠过道的位置传来了一声尖叫声。我循声跑了过去，原来是乘务员在送餐的过程中不小心把餐车从一位女乘客的脚上轧了过去。女乘客痛苦地捂着脚背，而失误的乘务员正不知所措地站在一旁不停道歉。我看到此种情况，急忙跑到前厨房，用小毛巾包了几块冰块，并让厨房乘务员快把药箱拿来。我回来二话没说，一把托起受伤客人的脚，立即用冰块镇上止痛。而后，又帮她涂上消毒药水，在整个过程里我没有说话，更没有道歉，只是行动。当做完了这一切之后，我问这位女乘客："怎么样，现在感觉还痛吗?"女乘客的痛苦表情已经减少了很多，她摇摇头。这时，我拉着站在一旁的乘务员，对女乘客说："由于我们刚才工作的失误，让您受苦了，对此，我们表示深深的歉意。"女乘客微笑地摇摇头说："没事了，现在感觉已经好多了。"她又指了指女乘务员，说："再说，她也不是故意的，是我自己把脚伸到过道上去的。"看了看自己的脚，又说，"你们的药真的很好使，能不能送给我一瓶。"我笑着说："当然可以了。"

事情过后，那位乘务员对我说："David，这次多亏了你，当时真的把我吓傻了。"我说："以后再碰到类似的问题，先处理再道歉。光站在那里道歉有什么用呢？人家疼着呢。把问题很好地处理完，才是最好的道歉。"

类似的事情还发生过一次，也是飞往东京的航班上。一位年近七旬的老年人，由于晕机发生了呕吐，喷出的呕吐物不仅弄脏了客舱地面，而且把前排乘客的衣服也弄脏了。当时，被老人影响到的乘客虽然出于礼貌没有说出什么出格的话，但从表情上可以看出厌烦的情绪。我来到老人的身边，直到现在我都无法忘记老人望着我的眼神——难受而又无助。我把老人搀起来，扶他走进卫生间，轻声地安慰他说："老人家没事，您就坐在这儿，想吐的话就吐到马桶里。"安顿好了老人，我回到客舱里。两名乘务员和我一起用干净的毛巾和纸巾清理前面乘客衣服上的污迹，而后又对客舱的地面进行了打扫。处理完这一切后，我对那些被喷到的乘客说："对不起各位乘客，我在这里替老人家向各位赔礼道歉了。"由于我们处理得当，再加上我们代人道歉的态度非常诚恳，周围的乘客都纷纷表示不再介意此事。下机时，老人家使劲地握着我的手，感动得眼泪汪汪的。

事后，我常跟我周围年轻的同事说："作为一名合格的乘务员，一定要尽心尽力地为客人着想。要注意琢磨客人的心理，先一步提供服务，而不是'马后炮'。只有这种认识、态度和行为，才能称得上是一名有实力、有素质的乘务员。"

执行特殊任务

2002年秋天，934航班飞回北京，乘客当中有几位客人因伪造签证想通过巴黎寻机转道非洲去淘金，由于巴黎方面加强了对中国乘客的签证审查，从而将想去淘金的人审查了出来并遣返回国。每逢从巴黎警方手里接回这些同胞时，我的心里都是五味杂陈，既气愤他们丢了中国人的脸，同时又对他们被蛇头欺骗，有的甚至人财两空的凄惨命运深感同情。

这次被遣返的一共有4名温州人，在移交的过程中，他们大发歇斯底里，不断地与法方以及我方的工作人员撕扯纠缠。他们被押上飞机后，吵闹行为仍未停止。乘客登机完毕，乘务员关机门的时候，其中一名被遣返的男子突然冲了上来，试图阻止关闭舱门。这一切被同机的几名中国男乘客看在眼里，他们纷纷站起来指责这名男子，怒斥他："丢脸都丢到国外来了。"我和保卫员也在门口阻止，我告诉他们："如果你再闹我就不客气了。"我顺手拿起保卫员的警棍，他看我要动真格的了，只好乖乖地回到了原位。

飞机起飞了，估计是他们想再这样闹下去也不会有什么好结果，这四名遣返人员识时务地选择了安静。从他们的表情上看，费了半天劲想出国却落了这么个结局，感觉沮丧。在送完餐前饮料的时候，我来到这几名遣返人员的面前跟他们聊起了此事，我说："你们刚才那种无理取闹的举动，连自己的同胞都看不下去了。再想一想你们在机场时的表现，该让人家外国人怎么看我们。"他们沉默了一会儿，其中一位岁数较大的男子说："其实我们之所以这样做，是因为这些都是蛇头

教我们的。蛇头说，一旦我们被遣返，就使劲地闹，千万别让飞机的门关上，闹烦了就会把我们放下去，今后再找机会。"听了这番话，我告诉他们："这些不负责任的蛇头跟你们说的这些做法简直是胡说八道，事情哪有那么简单。蛇头把你们的钱骗到手，就不再管你们的死活了。"他们听了我的话，连连点头。我又问他们："这次回去是否还打算往外跑？"刚才阻止关舱门的那个男子又说："不跑了，不跑了。这一折腾已经让我们筋疲力尽了，钱没有赚到还赔了本儿。今后还是老老实实地在家做生意吧。"我说："这就对了，以后即便想出来，也一定要通过合法的途径，别像今天这样被人家瞧不起。"

飞机落地后，我送他们下飞机，并和边防同志做了交接工作。告别的时候他们对我说："在巴黎过了十几天人不人、鬼不鬼的日子，你是第一个对我们平等相待的人，太感谢你了。"我说："如果你们要想真的感谢我，就回到家好好做事，别让咱们再以巴黎机场的那种方式见面了。"他们连连点头说："一定，一定。"

一次难忘的飞行

　　1986年秋天,我们从北京飞往新加坡的975航班刚飞过广州,距新加坡还有大约2小时40分的航程,我正在普通舱巡视,一名负责公务舱的乘务员慌忙地跑到普通舱来找我,急切地说:"David,公务舱有位老先生生病已经昏迷了。"我急忙跑到公务舱,看到公务舱左侧第五排,一位靠着过道座位的老先生脸色苍白地靠在座位上。我一边交待乘务员赶快广播找医生,一边呼唤老先生,但他没有任何反应。坐在旁边的他的老伴儿也一同跟着呼唤着老先生。可是他的手很凉,脉搏也非常微弱,我翻开老人的眼皮,眼球也不动了。

　　"女士们,先生们! 公务舱有位老人得了急病,哪位旅客是医生,请迅速与乘务员联系。"可广播了两遍,没有客人回应,显然客人当中没有医生。在这种紧急情况下,我们只能自己抢救老人了。我迅速从2号门拿来氧气瓶,给老人戴上面罩,把座椅放平,同时我问老先生的老伴儿:"大爷是不是有心脏病啊? 带没带药?"大娘说:"心脏不太好,也有高血压和糖尿病,但是我们没有带药。"我迅速给老人用高流量输氧。

　　看着老先生生命垂危,我脑海中闪出了"迫降"这个想法。在交待身边的乘务员照顾老先生之后,我立即进入驾驶舱,向机长说明了情况和要求迫降的想法。机长说:"现在我们在南海上空,迫降最近的国家是越南,离这里有80海里。"机长思考了一下,说:"迫降必须征得病人老伴儿的同意才可以。"但为了老人,人命关天,我们只有这一种选择。我立即返回公务舱向大娘说明了迫降越南的想法。大娘一听很激动地说："不行,我们不去,不能迫降!"看着大娘的态度坚决,我把她的想法告诉了机长。转而继续抢救老大爷,我单腿跪在地上,直接用管子向老大爷的鼻子里吹氧,但是氧气不断地流出。我让乘务员组织附近两排的旅客调整到其他的位置。要求乘客不要吸烟(那时候飞机后面还有吸烟区),以免发生火灾。我让乘务员冲杯温糖水,然后扒开大爷的嘴,慢慢地往里倒。

因为是高流量输氧,两瓶氧气很快就要用完了。距新加坡还有40分钟的时候,我们开始用第三瓶氧气。此时,我立即报告机长,请求新加坡地面准备好医生和救护设备。飞机就要下降了,我摸着老先生的手开始有些暖和了,脸色也渐渐红润起来,呼吸也开始正常了。我又叫了几声"大爷",他居然奇迹般地睁开了眼睛。我欣喜若狂,告诉大娘:"老大爷活过来了。"大娘仿佛从噩梦中惊醒:"谢天谢地,谢谢你,乘务长。你救了我老伴儿的命啊!"我说:"活着就万幸了。别客气! 这是我们应该做的。"飞机安全落地停稳后,我向客舱广播:"请全体旅客在原位等待。"医生上了飞机以后,给大爷进行了紧急检查。确认已无关大碍后,我协助地面服务员用轮椅把大爷推上了救护车,这才松了口气。大爷和大娘眼含热泪,紧紧地握住我的手,不愿撒开……

不评老,要评新;不评庸,要评能;不评本,要评优。

"擒贼先擒王"

2004 年 4 月，一次从北京飞往上海的航班，因航空管制的原因起飞时间未定，当时 230 名乘客都已经登机，当广播员通知旅客时，客舱就引起了不小的骚动，有的人高喊："为什么晚点起飞？晚点多久？耽误了我们的事情谁负责？要求机长出来解释……"我是当天的主任乘务长，我代表机长向客舱的全体乘客广播，起到了很大的安抚作用。在延误了 40 多分钟的时候，我们为客人提供了饮料，并播放了幽默而有趣的短片，客舱的秩序很好。

可延误到 1 个多小时的时候，飞机的后舱有五名媒体记者站起来追问我说："飞机到底什么时间能起飞？"还说，"继续延误下去，我们将要登报曝光。"同时，他们还给我录像、拍照。我安慰他们："航空管制就是飞机太多，所以我们要按照顺序起飞，听从指挥。从根本上讲就是为了飞机的安全和乘客的安全，我也非常理解大家的心情，希望大家能够配合。"可他们以工作忙、任务紧为由，不断地给客舱乘务员施加压力，给客舱带来了不和谐的气氛。一会儿，一个穿红衣服的记者指着我说："如果你们 5 分钟之内再不起飞，我们就要求下飞机。"由于我飞行的年头多，经历多，对这种事情心中有数。客人的主导思想都是要走的，只不过是发泄一下。我立即回答了这位记者："谁要下飞机？除了你们 5 位还有别人吗？我现在就请示机长让你们下机。"我随即到了 L3 门处，当我准备拿起话机时，这位穿红衣服的记者按住了我的手，说："你们到底能不能走？"我说："肯定能走，但 5 分钟之内走不了。"他们看我动真格的了，说："能走我们就不下飞机了。"我转过头来说："不下飞机，就请您回到原

活着好，好好活！
养生在于运动，养心在于沉静。
养脑在于多用，养肺在于爽清。
养神在于集中，养肝在于高兴。
养肾在于感情，养胃在于均衡。

位坐好。我们准备给客人开饭了。"在我处理的整个过程中，乘务员们都为我担心，事后是否会被曝光和登报。可我很有信心，因为这不是我们的错，这是航空公司经常遇到的问题。我们只要为旅客想周到，做好工作，主动帮他们解决问题，有什么可怕的呢？这次的智斗，别人怕投诉我不怕，而且主动按照记者的要求办，还是我棋高一着。其他的旅客也都不闹了，这是否算得"擒贼先擒王"呢？

你"倒霉",我替飞

　　我这个人当工人时在纺织厂,在部队时做文工团工作,到了国航后又从事乘务员工作,可以说,周围工作的同事绝大多数都是女同事,因此,我十分了解女同事的心理。我知道她们的自尊心很强、很要面子,做她们的工作光讲道理不行,还要讲情感,这样,她们才会心悦诚服地接受。

　　1993年,我当时任乘务大队七分部经理,在我们的队伍中有两名乘务员对飞行工作的态度不是太好,总是三天两头地请假不愿意飞。原因是她们找的老公和男朋友比较有钱,因此,她们把工作不太放在心上。当时是固定乘务组飞行,她俩的行为影响了该乘务组的工作情绪和荣誉。大家都认为她们是刺头不好管理,乘务长也多次要求我把她们调出去。

　　一天,张副经理气冲冲地赶到我的办公室,对我说:"李经理你看,这简直太不像话了。刘冰突然说她不舒服,不飞了。我说'乘务组马上就要进入准备了,这时不飞是要扣钱的。'她竟然从包里拿出一沓钱说'你要罚多少随便,我现在就给你'。"

　　这个刘冰我是了解的,她长得很漂亮,身材也好。参加公司的模特表演还得过名次。她的老公很有钱,经常开着宝马带着她出去玩。据我所知,她老公不想让她飞了。我随即到了她换衣服的更衣室门前,她正穿着貂皮大衣在那里生气呢，态度也很傲慢。我问她怎么不舒服了，为什么不飞。她气冲冲地说："我倒霉了，飞不了。"我明白她这是将我的军，因为我是男的，就拿月经的事情搪塞我。我没理会这些，又说："你飞哪里？"她说："上海。"我说："你回去好好休息，我替你飞。"随后，我换了衣服就去执行任务了。等我回来之后，张副经理问我是怎么一回事，我就对他说了经过。张副经理是管计划生育的，比较了解情况。他对我说："她也不是今天啊！"我对张副经理说："我认为对待这样的事情，应该给对方留点儿面子，来硬的会激化矛盾。应该以情感人、以诚待人，结果会不一样的。"

当天晚上，刘冰给我打了电话，说她丈夫要请我吃饭，表示感谢。我说："不必了，这没有什么大不了的。"此后，刘冰的工作态度好多了，也不再拖乘务组的后腿了。

另一名叫冯燕的乘务员也有类似的情况，飞行前突然打电话说不舒服要请假，我也是替她飞了一次。我记得是西安航线，从那以后她也改变了飞行态度，不像以前那么随便了。我觉得管理有很多的方法，但是不论什么方法都要注意情感和有效率，但这不是唯一的方法。处理这两位乘务员的问题和她们的转变过程，甚至还传出了我与她们"有一腿"的故事，但我心中无愧。我是经理，我不管谁来管？

时尚、养心、健身，
收获康乐、留住青春。
把准生存、发展脉搏，
要走财智人生之路。
2000年7月6日
于巴黎

133

老外终于活过来了

　　学好英语很重要,多年以来我一直坚持学习外语,以便更好地与外国友人沟通交流。客舱服务部为了提高广大乘务员的英语水平,搞了一些服务用语小册子和一些学习教材,我都及时地进行了整理和归纳。驻外期间就坚持一课一课地学习,所以,在服务工作中与外宾交流时我已经很自信了。

　　有一次,飞国内的航班,从北京起飞后不久,我突然听到有人喊:"help! help!"我跑过去一看,原来是一对外国老夫妇出了问题,老头已经昏迷,倒在过道上,老妇人一脸惊慌,不知所措,周围的客人也都站了起来。出于职业反映,我大喊:"Don't move! Don't move!"我一边用英语劝说老妇人不要慌,一边解开老人的衣口,迅速让乘务员拿来氧气瓶给老人输氧。然后,我向客舱广播找医生,请求援助:"Ladies and Gentleman! There is a sick passenger on board, who is a doctor? Please contact the cabin staff quickly!"

　　我做完这一切之后,有一位中国医生,他给老人做了检查和处理。我通过老妇人了解了一些情况,并配合医生的治疗。由于处理得当,一会儿工夫老人就醒过来了。他夫人连声喊:"My god! My god!"并拉着我和医生的手谢个不停。我把老人搀扶到座椅上,他幽默地说:"I'm alive again!"把我们都逗笑了。

　　那位医生对我的处理予以肯定,说我很从容、很镇定,外语很好。可我自己知道,这背后是常年的准备和练习,付出了辛劳和汗水。我时常告诫自己,要做好自己的工作,练好基本功,就能不辜负此份职业。

空中惊魂

空中飞行的职业虽然令人羡慕，但是，危险也可能随时会发生。在我的职业生涯中，就曾经在空中出现过一次危险，令我至今刻骨铭心，回想起来真是让人后怕。现在我把这件事儿写出来，而在此之前我从未跟任何人提起过。

1987年6月，我们执行北京——莎迦——巴黎的航班，当班我是主任乘务长。开始的工作都很顺利，三个半小时以后，我们开始了正常的值班和休息，客人有的看电视，有的在睡觉。当天的飞机是SP1304飞机，我当时在上舱休息。突然，驾驶舱门打开，机械员老吕喊："快带上氧气面罩。"我一睁眼，看见驾驶舱里满是烟尘，我马上打开上舱的灯光。我和报务员老聂同志，迅速找火源。我们发现驾驶舱后面墙板里面的电池正在冒黑烟，老聂顺手拿起了旁边的灭火瓶，我一看是水灭火瓶，急忙说："不行！"我顺手拿下了干粉化学灭火瓶，迅速灭火，火一下就被熄灭了。我们发现，电池中央已被烧出了一个碗大的窟窿，所有的人都被吓坏了。这时，我们的飞机已经飞到了伊斯坦布尔上空。机长决定除了驾驶舱内的电源外，其他的电源全部关闭，然后飞回莎迦。此时，乘客们都不知道发生了什么事儿。从安全的角度着想，我把乘务组集中在R1门处，对乘务组说明

> 既要看准国际标准，又要选对自我定位；既要交融国际接轨，又要发挥本土优势。

了情况,并做了紧急撤离的分工准备。我把紧急撤离的口令写在了胳膊上,同时还专门派一名乘务员拿着干粉化学灭火瓶守护在上舱,以防万一。

飞机开始下降了,我请示机长是否做好撤离的准备,机长说:"目前都很正常,不会有大问题,可以正常着陆。你们给客人广播,就说飞机出了点儿机械故障,为了全体旅客的安全返回莎迦修理、排除。如果有情况我会及时地通知你。"飞机安全地在莎迦着陆了,救火车和救险人员及波音公司的专家们都在那里等候。通过美国专家检查,他连声说:" It′s extremely dangerous. If you had not ascertained the source of the fire within moments the battery would have exploded. Well done!"

多少年以后我经常想起当时的危机情景,这件事让我真正地意识到"飞行安全无小事"的道理。要不是当时发现得及时、处理得果断,后果是不堪设想的。所以,作为一名空乘人员,在安全上千万不能马虎大意、掉以轻心。每次出差前的准备会都要有安全知识复习、安全预案制定。这样,才能在问题出现时,作出正确的决断。

复训小趣

　　每年的复归训练我都从思想上和行为上加倍重视,因为这是一年之中唯一的一次接近实战的演练。平时的理论学习准备,我提前数月就开始复习,争取得满分。在实际演练中,我就更加投入,特别是紧急脱离,有准备的和无准备的演练,我一定是亲自广播、认真组织,争取实战效果,决不能不严肃、不认真地走过场。这样才能从有储备到临战自如。

　　一次紧急脱离演练,飞925东京航班,我用三种语言广播的效果,让下面的同行们竟鼓起掌来,忘记了是实际现场。脱离演练结束后,我受到了资深教官杨青海同志的表扬。

电影不看了，赶快走吧！

国航发展很快，规模不断扩大，客货运力不足已经凸显出来，所以，为保证飞行正常起飞，个别时候在不影响飞行安全的情况下，也有带着故障放行飞行的标准。特别是客舱服务方面的故障，只能等到航后回来修理、排除。

一次，我执行上海浦东回北京的985航班，一上飞机，我通过乘务组日志了解到飞机的乘客娱乐系统是保留故障，无法播放安全须知和电影等其他的娱乐节目。此故障等回京后排除，上海外站条件有限，没有备件。我把情况通报给全体乘务员，要求客舱乘务员准备好人工表演的安全带、氧气面罩和安全须知卡。同时，告诫大家向客人的广播解释工作由我负责，大家听指挥做好相应的服务工作即可。

客人登机了，没有登机音乐。全体乘客就位后，我向客舱广播："女士们，先生们！上午好！我是本架飞机的主任乘务长，欢迎您乘坐中国国际航空公司班机由浦东前往北京。今天非常抱歉地通知您，由于北京飞机的运力不足及飞机的调配原因，本架飞机是带着'乘客娱乐系统不能工作'的故障飞来上海接大家的。主要是为了您的工作旅程正常运行，不至于耽误您的宝贵时间和安排。所以，从浦东到北京一小时三十分钟的飞行时间里，您就无法享受娱乐节目了。但是，为了您的安全，"乘客须知"将由客舱乘务员直接面对面地向您表演介绍。其他的客舱服务会为您做得更好，由此给您带来的不便甚至不快，我代表全体机组向您表示最诚挚的歉意！感谢您的理解和配合。"在我广播的进行之中，全客舱的客人都静心地倾听着，我的话音刚结束

走自己的路越走越开心，做保值的事越做越踏实。

生存要有健康的心态，生活要有乐观的意识，工作要有拼搏的精神。

2008年3月9日
于洛杉矶

客舱里就响起了掌声。也有很多客人反而急切地说："只要正点就好，电影不看了，音乐不听了，快起飞吧！"

起飞后，当我到客舱征求旅客的反映时，有一位来自东北的男乘客说："刚才那个男声广播是你吗？"我说："是的。有什么不妥吗？"他立即说："非常亲切，实实在在地说，就像面对面跟我们讲话一样，这样做就对了，你们的乘务员服务得很好。"这件事让我明白，抓住乘客的心态要有智慧、要有重点、要人性化。旅客想走是他最大的选择，因此，只要方法得当、真诚沟通，乘客自然会理解和配合我们的。

制伏外国醉汉

那是 2004 年 3 月 16 日，从纽约飞往北京的 982 航班上，有一位外籍小伙子坐在 R3 门第一排的位置。小伙子长得高大威武，可说起话来却是语带斯文，还可以说简单的中文"你好""谢谢"。可俗话说："人不可貌相，海水不可斗量。"正是这位外籍小伙子，在接下来的飞行途中几乎威胁到飞行的安全和旅客的安全。

飞机起飞后约一个半小时，后舱的乘务员打电话给我，对我说："David，你快到后舱来。"4 号乘务长夏洪津向我报告："在 R3 门处，有一位男乘客酗酒，而且对乘务员有非礼行为。"我及时地赶到了 R3 门处，一看，发现他显然是酒喝多了。我劝他坐下来休息，他顺从了，我给他系上了安全带，不一会儿他就睡着了。听旁边的客人说他几次到紧急窗口处去拉窗板和扳动把手。当我们开完饭后，他醒了，就失态地大声叫嚷了起来，周围的客人也都非常气愤。一位客人来劝他，他却向客人打了一拳。我给上舱的保卫员张永田打电话，让他下来一起控制外籍小伙子。那人举起双拳大吼大叫，吓得周围的客人都离开座位站了起来。我和他说话，他也听不进，此时我和张永田研究应该采取强制行动了。我让张永田、李云鹏、夏洪津围住他，我到 R4 门打电话请示郭机长，机长听了我的报告后同意了我们的意见。机长说："我们向北京报告，你们处理，如果当中有问题及时报告。"当我回到 R3 门时，这位外籍小伙子已经几近疯狂了。我把客舱的灯光调到低档，

把周围两三排的旅客都调到了其他的位置，然后，我告诉他们可以行动了。我对小伙子说："Follow me to the rear." 可他什么都听不进去了。他挥拳打向我的头部，我顺手抓住他的手腕来了一个顺手牵羊，把他放倒在过道上，几名男士迅速扑上去将他制伏。然后，我们把他放在货舱里，由专门的保卫员和一名男乘务员进行监控。我回到客舱把灯光调亮并向客舱广播，感谢大家的支持和配合。向旅客致意的时候，客舱里响起了一片掌声。

当我们检查他的座位时，发现他整整喝了一小瓶金酒。我们把处置完的情况报告了机长，机长通过空中联络向北京国航公司报告已经制伏了闹事的客人。公司指示继续飞回北京。飞机还有40分钟快到北京时，我来到货舱看这个闹事的外籍小伙子。这时，他的酒已经完全醒了，满脸沮丧，连声说："sorry, sorry."后来，他告诉我："这次到北京是来看中国女朋友的，如果她看到我这个样子那该怎么办？"我安慰他说："你放心，我会陪你一起下机亲自去跟你的女朋友解释的。"飞机落地后，机场公安部门已经在机舱门口等候了，我们做了一些交接的工作。当我们一起出机场时，他的女朋友和一个女友来接他，看见他双手铐着、披着衣服的狼狈样子时，一个劲地问他"why? why?"此时，他高大的身躯尴尬地缩成了一团。我把事情的来龙去脉告诉了小伙子的女朋友，并告诉她说："小伙子人很好，就是喝完酒后失控了。"然后，我转身告诉外籍小伙子："Please don't drink too much next time, it is bad for your health." 听完这番话，这位小伙子羞愧地低下了头。

没有语言的服务是那样的生硬、无奈。
没有语言的微笑是那样的空虚、苍白。

外宾留言抒发感慨

—— 罗马至北京938航班Tam Chambes先生

　　这名记者在公务舱,还有一名同行女记者在普通舱,她身体不好,胃病在飞行中发作得很厉害。当我得知后,立即给她送去开水、毛毯和小枕头,然后又请她到公务舱休息一下和上舱的同行聊聊天、谈谈业务,分散一下精力。这一招果然奏效,两名记者都非常感激,再加上公务舱同行们的良好服务,他们情不自禁地请求提供纸张,写了封富有情感的表扬信。

亲爱的女士们、先生们:
　　我正想借此机会对贵公司这次优秀的飞行,尤其是在前往北京途中,贵公司乘务员一流的服务表示感谢。
　　这次我与一位来自"Daily Telegraph"的记者一同旅行,我们将与"The Great walk to Beijing.com"的主持Cliff Richard先生会面。
　　我们得到了极其友好的有效的服务,我们将极力推荐,在今后继续乘坐中国国航的班机。
　　请继续保持优秀的工作。

Tom Chambes
2008.4.23 于938航班

Dear Sirs/Madam,   23/4/08 938.
　　I would just like to take this opportunity to say how utterly brilliant the flight and in particular the service with your 1st rate staff and crew has been on this journey to Beijing.
　　I am travelling with a reporter from the Daily Telegraph — we are meeting Sir Cliff Richard for "The Great Walk to Beijing.com"
　　We have had excellent service, friendly and effortless efficienty
　　We shall be thoroughly recomending Air China to fly with again in the future
　　Keep up the fantastic work.

Yours truly
Tom Chambers (PSA).

为了老弱病残幼孕乘客

关注特殊群体，照顾老弱病残幼孕是我从事30年服务工作的重中之重，因为他们在生活、工作、交际中太难了。至于接触了多少人次，关照了多少人次，我已记不清了，因为那是我分内的事、职业的特性。

在为老弱病残幼孕乘客的服务中，我领悟出了"安全上无小事，服务上有时也无小事"的理念，有时虽然做了大量的努力和呵护，但结果或许并不尽如人意。

在一次服务事件的讨论中，我认认真真地想想自己，那班做得怎么样？要对同行们说些什么？因为大家都知道是David带的班，都想了解一二，对他们今后如遇到此类情况，会有教益的。所以，我才把那个事情的经过讲给同行们，供他们借鉴，其中有几点关键提示：1. 给机长提供的信息一定要准确，只有这样，机长才能作出正确的决策，在处理事情的过程中，要及时报告机长。2. 对当事人，特别是残疾人一定要有爱心，照顾到位，精心细致地处理，这样会给他们以极大的安慰，不至于由于我们的不周使其伤感，就是说在服务上没挑了，尽力了。3. 对乘客要及时通报信息，主任乘务长广播到位，求得客人的支持配合和理解，稳定客舱的情绪，提供周到的服务，如饮料、餐食、娱乐及回答客人的疑问和处理旅程中的难题。4. 对民航地面工作人员要及时传达机长的指示和当事人的情态，为办事处的人员解决问题提供参考。5. 事后要写好日志，报告当天值班经理和相关领导。因为第一信息在第一时间的反馈对于解决善后问题尤为重要。

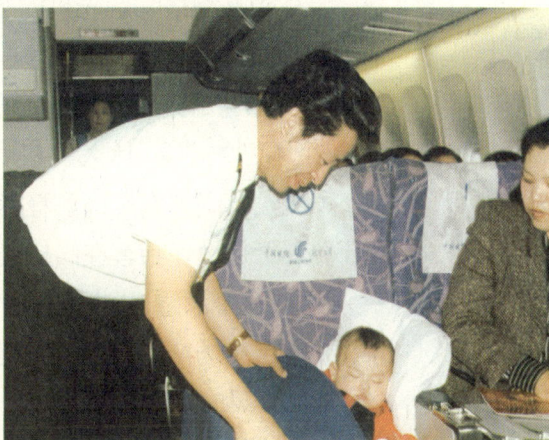

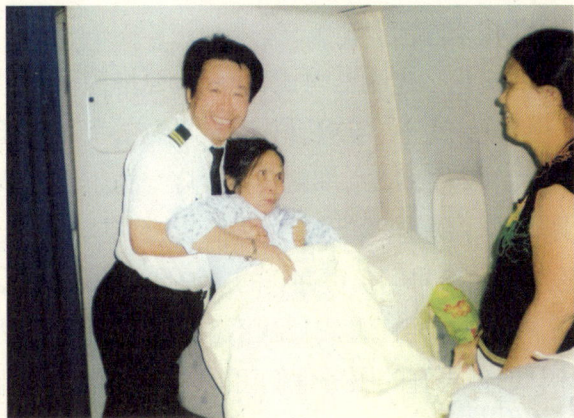

先发制人

兵法有云:"先发者制人,后发者制于人。"在我们的工作中,这也是用得上的。我们是等待矛盾和问题出现了再解决,还是在它们刚刚露出点儿苗头的时候,就先行将其扑灭,效果是不一样的。所以,作为一名空乘,要有能够洞察问题先机的眼力,还要有知难而上,敢于面对问题、化解矛盾的勇气。而我,从来都是乐于站在问题的前面。

2004年秋的一天,我所在的1502航班刚刚抵达上海虹桥机场,便听到一个不好的消息,因为飞机晚点了一个半小时,而地面服务又没有跟上,不但没有向大家广播解释晚点的原因,而且到了中午,也没有人给送水送饭,于是很多乘客在候机楼跟机场方面打起来了。

听到这个消息,我决定先去看看情况,也带有摸底的意思。因为我知道,乘客在机场窝的火,很可能会在飞机上还要发泄出来,因为乘客可能会认为机场和飞机都是一家的,所以难免会迁怒到我们身上。呵呵,我可不想当替罪羊。

当我来到候机楼时,看到里面闹哄哄地乱成了一锅粥,很多乘客在那里嚷嚷,让机场给个说法,闹得不可开交。见此状况,我灵机一动大喊一声:"飞机来了!"我这也是为了给他们一个先声夺人的印象,好让他们能够先记住我,这样,我在飞机上的工作,也就更好开展了。

"飞机来了?那快走啊!"乘客们继续嚷嚷。

"大家别着急,不加油,飞机怎么走啊?再说,我们也要打扫一下卫生不是?大家再耐心等一小会儿,就一小会儿,好不好?"说完,我又赶紧抽身回去,因为不能再被大家纠缠住,否则,那就会引火烧身的。

在回去的路上,我就暗暗作了决定:今天得由我来迎宾!其实,当天我本来应该是在1号门服务,而在2号门负责迎宾的应该是4号乘务长,我对她说:"咱俩今天换一下,我在2号门迎宾!"我不想让乘客把邪火发在她的身上,因为在这个时候,你再好的服务他们可能也不会满意,4号乘务长又是一个小姑娘,经验也没我丰富,所以还是我上吧!毕竟我是一个男的,岁数又大些,乘客即使有火,可能也不好意思发了。4号乘务长也明白我的好意,很感激地看了我一眼,把2号门的位置让给了我。

果然如我所料,登机的乘客一个个都气哼哼的,虽然我面带微笑地站在那里,向他们问候,可还是有很多人就像我是空气一样,瞅都不瞅我一眼,沉着脸就往里走,向他们要登机牌,有的人也像没听见似的。我也理解,这是心里有火呀!

这样不行,我要先发制人,我要主动接触矛盾、设法化解矛盾!因此,当机舱的门一关,我就立刻拿着话筒,站在飞机的过道中间,向乘客广播:"乘客朋友,你们好!我是这架飞机的乘务长,你们的事儿我都听说了!我也很理解你们的心情,听说你们到了中午也没喝上水,没吃上饭,不过,你们既然上了我们的飞机,我们就不能让你们渴着、饿着,我们已经为你们准备了饮料和餐食,渴了咱们就喝水,饿了咱们就吃饭!"

我的话音刚落,很多乘客便都鼓起掌来:"你看看人家的服务!""这可真是一个天上,一个地下啊!""行,有大哥你这一番话,我们就是有天大的气也都消了!"乘客们的脸上,一个个又都有了笑模样。刚才还是"山雨欲来风满楼",现在已经是"水光潋滟晴方好"了。我也暗暗地长出了一口气:谢天谢地,这股邪火,终于没发在我们身上。

我知道,正是我的这个先发制人的战略战术,才把矛盾最终消弭于无形之中了。我的做法,既稳定了旅客的心理和情绪,又为工作人员化解了难点——一箭双雕。当然,先发制人的前提是,你要先站在对方的角度,先考虑到对方的情绪和需要,然后对症下药,这才有效。另外,我们还要具体问题具体分析,什么时候、什么状况,你采取什么办法,都是不一样的,要学会随机应变。服务,有时候也像烹调一样,你要掌握好火候。

这个时候,机舱里,乘务员开始忙忙碌碌地为乘客送水、送餐,乘客们也开始有说有笑地聊天、吃饭。而机舱外,也是阳光灿烂,耀眼的光线就像是一大片黄金洒在云层上似的,看起来美极了。

我装一把机长广播

好像是有一个诗人说过吧?"绝望是最漫长的等待,等待是最完美的绝望。"说实话,没有比等待更让人焦急、恼火的事情了。因为飞机起飞受很多条件的制约,如本场天气、对方机场天气,还有空中管制等,经常会导致航班延误的情况,也经常会有一些旅客对此产生不满,甚至有人会带头闹事。这个时候,如果处理得不好,可能矛盾就会升级。所以,无论是机场还是航班的工作人员,在处理这样的问题时,都要有耐心、讲究艺术性,不能急,更不能乱。

2002年的夏天,我就遇见了这么一回事儿。

那是北京飞往杭州的航班,由于航空管制的原因,飞机在地面上延误了两个多小时。这个时候,乘客的情绪本来就不稳定,再加上乘务员已经连续广播了两次,每次都说还要等30分钟,可是飞机还是迟迟没能起飞。很多乘客都感到烦躁、焦急起来,一个30岁左右的东北小伙子,则开始在客舱里挑动其他乘客签字投诉:"太不像话了,这是什么航空公司?等!等!等!这都等了两个多小时了还不飞!这样的航空公司咱还不投诉它?"在那种情况下,人的情绪是很容易被煽动的,在他的鼓动下,已经有一些乘客在跟着签字了。

我一看,不行!这个时候必须有一个权威的人出来说话。那么,这个时候谁出来说话最有权威呢?当然是机长!我决定找机长商量商量,想请他出面向乘客进行一下解释说明工作。

于是,我找到机长跟他说了我的想法,他也很赞同我的想法，不过却也有一些为难："David，你看，我这口音这么重，乘客又天南海北哪儿的都有，让我广播，这不是赶鸭子上架吗？"

我连忙说："您别为难，要不您看这么着成不成？我来替您广播一下，行吗？"

机长的眼睛一亮："那可太好了！David，那就全拜托你了！"

我知道，机长的广播和普通乘务员的广播不一样，机长的广播往往显得很随意、很轻松，于是，我也有意拉着长音，就像唠家常嗑似的对乘客广播道："各位乘客朋友，我是这架飞机的机长，由于航空管制的原因，飞机暂时还不能够起飞，希望大家能够支持我的工作，耐心等候。同时，也请大家相信我，用不了多久，飞机就能起飞了！"然后我又用英语广播了一遍。

广播后，我走到客舱，看到那个东北小伙子还在那里嚷嚷呢，我连忙一把拉住他，用一种急促但又轻声的语气跟他说："小伙子，你赶紧跟我过来！"

小伙子被我这一拽，有些摸不着头脑："你要干什么？"

"你就别问了，赶紧跟我过来就是了！"我这么一说，小伙子也就跟我走了。我把小伙子拉到服务舱，用很严肃又故作神秘的语气跟他说："小伙子，你还想不想走了？"

"想啊！不想我能这么着急吗？大哥，你到底啥意思啊？"小伙子还是有些摸不着头脑。

我跟他说："你要是真想走，就千万别再闹了！我跟你说，刚才机长已经跟地面派出所联系了，说飞机上有人闹事，让来人把你带下去呢！这么一来，那你还走得了吗？"

改变在我们队伍中年纪轻、思维老、学历高、知识薄、健康糟的个别现象，我要给他们激励和促动，那就是做个样子看。

147

小伙子一下子懵了："大哥,你说的是真的啊?"

"这我还能骗你吗? 你现在赶紧回座位上老实地坐着,我去跟机长说说情,你看成不成?"

小伙子连忙鸡啄米似地点头应道："成! 成! 出门在外,谁也不想惹麻烦不是? 大哥,你千万给我好好说说!"

"行! 包在大哥我身上了!"我拍着胸脯说道。见我这么说,小伙子便赶忙回到座位上坐好,果然一声也不吱了。俗话说,擒贼先擒王,把头按住,其他的乘客也就都不闹了。

当机长看到我的时候,兴奋地照我的胸口就来了几拳："行啊! 老李,你可够厉害的! 要不是你,还真不知道他们要怎么闹下去呢!"其他的乘务员也走过来跟我说："David,刚才的机长广播是你装的吧?"

"哈哈! 你们都听出来了?"我也哈哈地笑了,看来,我这个"机长"能蒙得了乘客,却骗不过我的同事啊!

不到15分钟,飞机终于起飞了。我再次来到客舱,看到乘客们都很安静地坐在座位上,那位刚才闹得最欢的小伙子,已经低着头,闭着眼睛睡着了,还发出轻微的鼾声。我笑了,把目光投向窗外,飞机正穿过厚厚的云层,平稳地在蓝天上翱翔。

"有问题,找老乡!"

"老乡见老乡,两眼泪汪汪。"咱们中国人是非常重视乡情的,古人说,人生有四大喜事:"久旱逢甘霖,他乡遇故知,洞房花烛夜,金榜题名时。"所以有时候,一攀老乡,就能够让本来疏远的人,变得亲近,也能让复杂的事情,变得简单。我是哈尔滨人,在飞机上,也常常能够看见自己的老乡,每次见到,真的都感觉很亲切。

那是2007年10月吧? 我就遇见了一位哈尔滨的老乡。不过,刚开始的时候,可不是很愉快哦。

当时,我们的1601航班,正从北京飞往哈尔滨。忽然,一位乘务员过来喊我:"David,你赶紧过去一下,有乘客要纸呢,说是要写投诉。"

我连忙拿着纸走过去,见是一位30岁左右的男子,正在那里跟乘务员嚷嚷呢。见我过来,便说:"你把纸给我,我要投诉她!"

我没有马上把纸递给他,而是岔开话题,问他:"老弟,听你的口音,好像也是咱东北的?"

那位男子说:"是啊! 咋的?"

我又问:"那你是哪里人啊?"

当我听说那位男子也是哈尔滨人的时候，立刻兴奋地说道："哎呀，这可真是太巧了，我也是哈尔滨的！咱是老乡啊！有什么问题，你跟老乡说说！"

"我多要一份饭，说什么也不给，我出钱买还不行吗？瞧不起我是不是？"男青年还是愤愤的。

"哎呀！是这么回事啊？你看你身体那么棒，那没吃饱怎么能行呢？再说了，咱也不能让老乡饿着啊！你等等，我帮你想想办法！实在没有，咱多喝罐啤酒行不行？那也是软面包啊！"我这么一说，那位男青年也就笑了。

在这里需要说明一下，我们飞机上的餐食都是有定量的，免得乘客吃不完都浪费了。不过一般情况下，我们也都会有一些备餐，而且遇到这种情况，乘务员也不应该马上回绝，而应该说："您先等一下，我去给您看一下。"但我们的这位女乘务员可能是没有经验，立刻就给回绝了，因此让客人感到不快，发生矛盾冲突也就在所难免了。

我到服务舱拿了份热食，又拿了罐啤酒，给这位男青年送了过去："给您！这还有软面包！咱敞开了吃！"然后我又跟他解释道："老乡，您也不要责怪我们的乘务员了，说实话，我们的配餐的确是有定量的，因为别的旅客还没给送完，所以，她也不清楚会不会剩下，这样吧，老弟，我代她向您赔礼道歉，行不？"

这位男青年见我这么说，也有些不好意思了，忙说："我这也是上飞机前没来得及吃饭，要不，也不会再多要一份了！"

我笑了："大小伙子，多吃点儿那是应该的，咱走到哪儿也不能饿着啊！"然后，我就又跟他唠起了哈尔滨的家乡事儿，越唠也就越近乎了。等他吃完饭，我把刚才的那个乘务员叫过来，又把纸递给男青年，说："老弟，你还写投诉吗？"

男青年赶紧一把把纸推开："拉倒吧！大哥，你都做到这个份儿上了，我还写啥投诉啊？不写了！不写了！"

这个时候,我又当着这位男青年的面,批评我们的乘务员说:"乘客想多要一份饭,不管有没有,你都不应该马上回绝,而是应该去看一下,这样,乘客才不会产生反感,也就不会有这样的误会了,是不是?"

女乘务员红着脸,向男青年道了歉。

这时,这位男乘客也自责道:"也是刚才我的火气大了些,要说也不能全怪她!"然后又跟我说,"大哥,咱俩这就算认识了,以后我还坐你们的飞机,有事儿我可就找大哥你了!"

我也豪爽地一拍胸脯,说:"没有问题呀! 有问题,你就找老乡呀!"

说实话,我做了30年的服务工作,从来没有接到过一起对我个人的投诉,靠的就是能够实实在在地为乘客解决问题,靠的就是自己一颗真诚的心、一片火热的情。我也相信,没有过不去的火焰山,也没有打不开的心结。记得曾经有人说过:要让新结识的人喜欢你,愿意多了解你,诚恳老实是最可靠的办法,是你能够使出的"最大的力量"。而每一个乘客都是我们"新结识的人",我们要让他们喜欢自己、不误解自己,靠的也只能是以诚相待、以情感人。

"精诚所至,金石为开",无论在什么时候、什么情况下,都是如此。

自从 RM 系统运作以来,我乘务组的定位是一次性全格率,不容磨合的航班服务。

"要投诉，就投诉我！"

人与人之间，难免发生误会。在乘务员与乘客之间，也常会因为各种误会而发生矛盾，在这个时候，乘客会感到恼火，乘务员也会觉得委屈，但我觉得，只要说开了，就没有什么过不去的。重要的是，当误会和矛盾发生的时候，你怎样去化解，这也是一门艺术。

2006年上半年，在飞往上海的1501航班上，我就遇到过这样一件事。

飞机起飞后，乘务员们开始给乘客送水。当时我从头等舱往后走，忽然发现右手过道处，有一位30岁左右的男子正与4号乘务长争论着什么，神情非常激动。看到我走过来，那个男子连忙叫住我："你把她的名字告诉我，我要投诉她！"这个时候，我看了看4号乘务长，看到这个年轻女孩儿的眼里噙着泪水。我没有像有些主任乘务长那样，立刻批评她，责令她向顾客道歉，只是微笑着冲她挥了挥手，说："你先去送水，别影响工作。"

当那个女孩子走开后，我指着自己的胸牌，对那位男子说："先生好，我叫李春甫，如果您要投诉，就投诉我，好不好？"

那个男子一听急了："我投诉你干什么？我就

要投诉她！"

我依然保持着面部的微笑："我是这个航班的主任乘务长，她们工作没做好，都是我的责任。"然后我又问他，"您能告诉我是为什么吗？让您生这么大的气？"

这个男子依然气哼哼地说："我是你们飞机的常客了，可她居然对我不耐烦，跟我说话的声音很大、很生硬，还拿眼睛剜我！"

我笑了："原来是这么回事儿啊！这么着，您先喝水、吃饭，喝完水，吃完饭，我再让她给您道歉，您看行不？"

这时，跟那位男子同行的客人说话了："人家机长都跟你说到这个份儿上了，你就别再不依不饶的了。"也许是看我岁数这么大，又是男子，他们就把我当成机长了。

我立刻趁热打铁："先生，您想喝点儿啥，跟我说，我给您拿去！"

"给我来罐啤酒！"男子的气显然还没有全消。

"看您这肚量，一罐啤酒哪够啊！我给您拿两罐！"说完，我就给他拿来两罐啤酒，帮他启开一罐，又把另一罐啤酒给他放在桌上："这个，喝不了您就带走！"

看我有如此举动，那个男子倒有些不好意思了："您瞧，您这可太客气了！"

我见这位男乘客消了气，便回到乘务舱，当我拉帘走进去时，那个女孩儿一见到我，眼泪刷的一下就掉了下来："David，今天多亏你了！"

我连忙说："别哭，别哭，你跟我说说，到底是怎么回事儿啊？"

这一问才知道，原来这位男乘客一直戴着耳机听音乐，4号乘务长问了他一次，他没有吱声，又问了他一次，还是没有吱声，于是她把声音就加大了一些，那个男子冷不丁地听到，就以为是在冲他喊，再加上女孩子的眼睫毛很长，还烫的卷儿，可能一眨

153

眼睛,那个男子就以为是在剜他了。

哦,原来如此。那说开了不就得了吗?我劝慰那个女孩子道:"可能乘客有些误会了,不过,这位乘客也是咱国航的常客,是咱们的衣食父母,咱不能给人家留下不好的印象,这样,你先擦擦眼泪,平静平静,一会儿我陪你过去,给他道个歉,解释解释。"

听我这么说,那个女孩子也平静了下来,点头应允。然后又充满感激地对我说:"David,你知道吗?我们都愿意跟着你飞,因为你会协助我们,从来不会埋怨我们。"

确实,在平时的工作中,我一直都注意呵护每一个人的情绪,既不能让乘客感到不满意,也不能让乘务员觉得受委屈。人与人都是平等的,每个人都渴望被理解、被尊重,我们没有理由粗暴地对待任何一个人。

当女孩子平静下来以后,我领着她又来到了那位男子的面前,将这个女孩子刚才跟我说的情况又跟他解释了一遍,然后又对4号乘务长说:"赶紧给这位大哥道歉,这可是咱国航的老顾客了!"

这时,旁边的人忙说:"不用!不用!道什么歉啊!"

我说:"那不行,咱不能让客人受委屈!"

这时,那位男子也连忙说:"其实,我刚才也是急了些,话说得有点儿重了,让小姑娘受委屈了。"

大家便都笑了起来。

满天的乌云,就这样散了。而真诚,就是驱散这片乌云的阳光。

"行了,大哥,乘务员也不是有意的!"

有些时候,同样的问题,你用不同的方式去解决,结果也会
不一样。在我们的飞行过程中,经常会出现这样或者那样的矛
盾,这个时候,就看你怎样处理了。处理得好,可能会化干戈为
玉帛;处理得不好,就会火上浇油,越闹越大。

还是说一个我亲身经历的事情吧——

2005年夏季的一天,我在飞往深圳的航班上巡视,我刚走
到飞机的后舱,就听到有人发出"哎呀"一声惨叫,我一看,只见
左通道32排位置上的一个客人,正痛苦地捂住自己的腿,然后
身子便伏了下去。

怎么了? 我连忙赶过去察看,只见我们的女乘务员尴尬地
站在那里,原来是她推着的饮料车,因为飞机的冲力太大,不小
心把乘客的腿给撞了。女乘务员站在那里,连声地说:"对不
起!"那位先生已经疼得说不出话来了,满头都是细细的冷汗珠
子,只是一个劲儿地挥手,比划着让乘务员赶紧走开。

我见状,连忙跟女乘务员说:"你快去,拿餐巾包个冰块来!"
女乘务员连忙跑去拿来冰块,用餐巾包好,递给我,我接过冰块,
二话没说,就把冰块放到那位乘客的腿上。

这时,这位乘客才有些缓过劲儿来,说:"这也就是我吧,这
要是个女的……"言下之意,那肯定会受不了。女乘务员一脸尴
尬地站在那里,不知道该说什么,也不知道该做什么,懵在了那
里。

这时我发现,血已经从他的裤管里洇了出来,于是便对女乘
务员说:"还不赶紧去把药箱拿来!"女乘务员拿来药箱,我便用

消毒棉悉心地帮他将血液擦洗干净，然后又一圈一圈地给他缠绷带。那位乘客可能见我年龄比他大，还如此热情真诚地为他服务，觉得有些过意不去，一个劲儿地对我说："大哥，我自己来！我自己来！"

缠好绷带，我对他说："等到了深圳，我给你要个轮椅！"那位乘客依然连连表示不用："没那么严重，年纪轻轻的，坐什么轮椅呀！"

这时，我就开始跟他拉起了家常，问他："老弟，你经常坐我们的飞机吗？"

"是啊，我是国航的老乘客了，国航安全！"乘客答道。

我又叫过站在一边的女乘务员，责备她说："你看看你把咱的老乘客撞成啥样了？怎么也不看着点儿？"女乘务员的嘴也挺甜，连忙说："叔叔，对不起啊！"

这时，这位乘客反而说道："行了，大哥，你就别责怪她了，乘务员也不是有意的，如果不是我把腿伸出来，她也不会撞到。"

我又诚恳地跟他说："你看，今天是我领班，她做得不好，我也有责任，我在这里向你赔礼道歉了。"然后又问他，"要不，等下了飞机，我陪你到医院看看去？"

乘客连连说："不用！不用！我自己处理！"

在聊天的过程中，我一直用手拿着冰块，捂在这位乘客的腿上，为的是帮他缓解疼痛的感觉。等到快要下飞机的时候，我又拿来一枝印有国航字样的圆珠笔，送给他："你看给你造成这么大的麻烦，大哥也没什么送你的，这枝圆珠笔，就送给你做个纪念吧！"

那位乘客居然很高兴，连连称谢，还说："不冲别的，就冲大哥你，我今后还坐你们国航的飞机！"

这件事情能够这么顺利地解决，也是我始料未及的。如果说我有什么诀窍的话，那就是我的真诚吧！根据我多年的经验，对于乘客，你一定要真诚，如果你犯了错误，首先要诚恳地道歉，然后用心去补救所犯的错误，只要让乘客看到你的真诚，相信他也会原谅你无心犯下的错误的。

其实，就在这之前不久，有一个航班上，也发生了同样的事情，也是乘务员的饮料车把乘客给撞坏了，结果因为处理不当，那位乘客坚持要用轮椅将他推下去，事后，还要求赔礼道歉和给予赔偿。当时事情也是闹得不亦乐乎。同样的事情，之所以会有不同的结果，关键就看你怎样去做。不过，我相信一点："真诚是真诚者的通行证。"正如庄子所说："真者，精诚之至也，不精不诚，不能动人。"真诚，会让你从一切复杂的困境中解脱出来；真诚，会让你把仇敌变成朋友；真诚，会让你感动整个世界。

这，就是真诚的力量。

把胆量管理转为智能管理，把严格管理转为人性管理，把经验管理转为创意管理，把文凭管理转为人才管理。学本领，精一门，会两门，学三门，听四门，看八门。你有、他有，不如自己有；你行、他行，不如自己行。做人认真，活着有劲；做事认真，干着有趣。

"国家亲,乘务员亲,祖国万岁!"

我记得,法国大革命时期的著名活动家丹东在临死前说过一句话:"谁能把祖国放在鞋底上带走?"是的,没有人能,即使你漂泊到天涯海角,即使你在海外浪迹多年,祖国依然是你带不走的,也是你的牵挂。作为一个经常飞国际航班的机组人员,我经常能够感受到那些从国外归来的人,对于祖国的那份浓浓的情、深深的爱。

搀扶行动不便的老人

就在 2008 年春节后,我在从洛杉矶飞回北京再转飞西安的1201航班上,见到了一对刚刚从国外回来的老夫妻,老两口大约有70岁了吧?相依相携地上了飞机,很是恩爱的样子。不过,毕竟是年纪大了,再加上旅途劳顿、风尘仆仆,老两口都显得很疲惫。我见状,连忙把他们搀扶到他们的位置上坐好,又问他们想吃点儿什么。大娘说累了,什么也吃不下,我便让服务员端来牛奶和水果,我知道,这些东西能够缓解疲劳,并能开胃。老两口很感动,拉着我唠起了家常。

通过聊天,我了解到,老两口是咱们国家第一批支援西部的知识分子,退休后被儿女接到国外生活了一年半,觉得不习惯,就又回来了。

"这次回来,还打算再出去吗?"我问老人。

"哪儿也不去了,出去一趟,更觉得哪儿也不如咱自己的祖国好啊!"老先生一看就是一个很容易动情的人,一说话就显得很激动:"这一上飞机,看到你们的笑脸,我心里的感觉啊,就透着那么一股子亲切。"

听了老人的话,我也很受感动:人,有时就是这样,一张温馨的笑脸、一句暖人的话语,就能够拉近彼此的距离。尤其是那些从海外归来的人,最渴望看到的,就是家乡人的笑脸,最愿意听到的,就是家乡人的问候。所以,在这个时候,我们不但是机组的乘务人员,同时,也是他们的家乡人、亲人,我们就应该用我们的服务,让他们感到家乡的温情、亲情。

这个时候,老大娘提出要上趟厕所,我连忙搀扶着她过去。这时,我们的女服务员已经提前过去,把马桶盖为老大娘打开放好,因为知道大娘行动不是很方便,女服务员又对大娘说:"您不用插门,我们就在门外为您站岗。"当时,周围有一些丹麦客人,一直在用感动的目光看着这一切。

等搀扶着大娘回来,我对老先生说:"我看大娘腿脚不便,等到了西安,我给大娘要个轮椅。"老先生先是说不用,忽而又问道:"你们那轮椅要钱吗?"

我笑了:"咱这是免费的服务,当然不要钱了。"

老先生听了很是感慨:"还是咱中国好啊! 在美国,一点儿人情味都没有,什么都是要钱的!"说到激动处,老人的声音也大了起来:"还是咱国家亲、乘务员亲! 祖国万岁!"老先生的手臂动情地挥舞着,接着,老先生又拿过飞机上的清洁袋,在上面奋笔疾书。我看到他写的是:"大家都说美国好,但在美国生活了这么一段时间,我认为美国骨子里是最不讲人权、最不民主的国家,还是咱共产党好、祖国好啊!"笔走龙蛇,一

力量在发展中积聚,
快慰在青春中常兴。

字一句,都是真情流露。

在靠窗的座位上,也坐着几个中国人,我注意到,看到这一切,他们的脸上也都露出了微笑,有的还在微微地点头,我想,他们的心中也应该有着与老先生同样的情感吧? 机舱里,有一种情感在恣情弥漫……

飞机到了西安,我跟老两口说:"轮椅已经为你们准备好了,希望你们旅途愉快,也祝二老身体健康!"两位老人很是感动,拉着我的手连连道谢:"看看,人家替咱想得多细,还是咱中国的乘务员亲啊!"走出很远,老先生还频频回头挥手。

我也站在那里,微笑目送两位老人离去,机场上空飘着朵朵白云,让我想起了费翔的那首老歌:"天边飘过故乡的云,它不停地向我召唤,当身边的微风轻轻吹起,有个声音在对我呼唤:归来吧,归来哟! 浪迹天涯的游子! 归来吧,归来哟! 别再四处飘泊……"

其实,我知道,感动老人的,不仅仅是我们的服务,更重要的是,在我们的服务中,让他们感受到了祖国的温暖。对于这些回国的人来说,我们这些机组人员,就是他们第一眼看到的亲人,我们的一言一行、一颦一笑,都会在他们的心头泛起波澜。

不知道两位老人现在怎样? 那位可爱的老先生在飞机上写的话,我现在还保存着呢!

感受最深的，收获最大的

感受最深的——非典时期　显班组精神

非典给人类带来的灾难值远远地超越了美国的"9·11"和伊拉克战争的总和。航空业、旅游业和餐饮业更是重灾区，国航测估经济损失高达16亿元人民币。

回想起那几个月的航班飞行，我们班组经受了严峻的考验和锻炼，非典初期，航班来往于疫区，感染危险性大，人心恐慌。我已有30年的党龄了，又是军人出身，我知道此时我应带领我的班组做些什么，非常时期，不怕风险，不怕艰难，就等于军人"一不怕苦，二不怕死"的精神，全组同志无一退却，体现出爱岗敬业、为公司效力的班组精神。我们组较早在客舱内启动戴口罩和一次性手套的紧急服务方式，起初大家不适应，憋得满头大汗，个别旅客不理解，说此举是对客人的不尊重。工作中，同志们在前面服务，我就前后左右地解释戴口罩和一次性手套服务的用意，是对旅客高度负责任的做法。我们的行为终于被旅客接受和认可了。

非典期间，阿富汗副总统来北京然后去上海访问，派遣室林虹调度长通知我："客舱部对你的班组非常信任，选定你组去完成此次'包机形式、专机标准'的飞行任务。"我信心十足地接受了，然后，挑选了组中较优秀的同志，作了充分的非典时期特殊服务的工作准备。结束上海的访问后回京，总统陪同团及团员们对我们的服务十分满意，并和我们合影留念。

非典造成航班猛减到三成，分部是上半月飞行，下半月休整。可随着疫情的好转、任务的复苏，需增加乘务组飞行，分部又选到了我们组。此时，有些组员已做好了休整的准备和安排，当王

品质不分国界，素质不分阶层。

161

经理下达连飞任务时,我们班组毫无怨言,因为这里包含着极大的信任。非典时期我们班组仍然一如既往地抓紧外语的学习和业务的提高。在罗马驻外期间,大家动脑动笔,编写了服务案例分析和工作中弱项的注解,并上报业务室和分部并得到了肯定。

我们班组越是在困难时期,越是要体现出班组精神,为什么呢? 老实说,在非典危难之中,国航对它的员工的真情让我们感动。外航纷纷倒闭,国航却沉着应对;外航极力裁员,国航却贷款渡过难关;外航削减员工薪水,国航千方百计压低成本,不少员工一分钱。这鲜明的对比让我们有什么理由不为国航拼命呢? 有的同志说,国航够朋友,真够意思,不爱国航心中有愧。

在党中央、国务院坚强有力的领导下终于战胜了非典。我们班组愿当国航的马前卒、尖刀班,把我们的努力作为爱公司的本分,大家讲奉献,多付出,讲大局,不叫苦,以白衣天使为楷模,冲在一线,实现在一线。在国航的曙光将要到来之际,我们愿为它挥洒豪情,再创辉煌!

收获最大的——外语学习 我离不开你

古人曰:男人之真,学习也。从古至今有很多至理名言都深刻地揭示了学习的真谛,我们应该身体力行。

1. 我要加倍学

我经历了文革“无课可上,无知可学,谁学外语谁就是叛徒”的非常时期,当初没有外语根底,当“空中先生”24年来,我深知掌握外语对于我们行业的重要性,尤其是当 CF 几年来,在党支部和同行们的支持下,我才真正地走上了学习外语的轨道,“人无压力轻飘飘,并无压力不出油”,国际航空业的激烈竞争、市场经济和科学技术的加速发展和奥运会在京举办的盛事,都警示我必须加倍学习外语,否则就无法适应新的形势,更无法维护自己的生存空间,被淘汰的趋势在威胁着我,让我产生了危机感。今年上半年,非典对我们飞行十分不利,可是又对我学习外语是良好时机,我在分部购买了全部英语中级书籍和磁带,扎扎实实地学习了四册,边听边学边练,至此,词汇量有了增加,听力有了提高,会话有了增强,随着广播词的更新,我也紧跟变化不放,经常在关舱门后广播一段。我认真琢磨,反复推敲,借鉴电视台主持人的风格,反复练习,录音核正,听其效果。感到满意后,才在航班上给乘客广播,让乘客听了感到亲切、热情、安全、快慰。一次,有一位客人下机时问我:"你是否学过播音和声乐?"我说:"有做过宣传工作的经历。"他说:"你发声的位置很好嘛!"前些天,飞925航班,777飞机的任贵才机长在我广播后休息时对我说:"春甫,你广播得真好,我闭着眼睛听了,仿佛你在微笑着和我们面对面!"我说:"你在开我玩笑吧!"他说:"真的,是真的。"

2. 带动全组学

没有语言的服务是那样的生硬、无奈,没有语言的微笑是那样的空虚、苍白,一个人势孤力单,大家学才力大无比。虽然我在乘务组学外语已开展几年,可那是固定乘务组,现在流动分散组能学起来吗? 这给我提出了新课题,通过科学的思考和大胆实践,流动分散组照样可以学习外语,效果更好,覆盖面更宽,因为每天准备会和每天的飞行任务性质是一样的,如航班信息(F)、航路(ON)、旅客特点(P)及专业用语(S)等等。时时用,天天用,有什么开展不起来的? 我仍然像对固定乘务组一样向大家讲明、说透学习外语的实际价值和职责功能,应该说,大家都拥护并积极参与,如我组李红艳同志,她工作很好,就是说外语时胆小，对自己没有信心，理由是她有地方口音——四川味。我耐心地启发，反复地鼓励，甚至是软硬兼施，软的是鼓励她说"你讲的真的很好。"硬的是"来 David 组就得讲外语，不讲就不行"。我一字一句地教她，她开口了，从脸红、口抖、出汗，到现在能和组员同步了。我真的为她高兴。带动全组学外语是工作的必须、职责的需要，我们有责任。可反过来看，同志们也帮助我学呀！我给组员算了一笔细账，仅准备会20分钟学习一项，年均100班，累积起来就是2000分钟，约等于35个小时。我当七年CF累积可达245个小时，三年专科课时为300小时——我等于上了一次业余大学，能有如此收获，怎不让我振奋和欣慰？！

3. 支持别人学

三分部是一个积极学习、团结奋进的舞台，这个群体充满着活力，工作走在其他分部的前列，其标志是有一个思想超前、工作出色的领导班子，还有一个学习知识的氛围，形成了较有特色的分部文化，大部分同志都在工作之余勤奋学习、努力充电，同行们的这种学习态度，不能不给我一种压力，参加工作时间长、经验多、年龄大已不是优势，只有知识多、实力强、思维新才有力量。我暗下决心和他们比学习、比干劲、比思维、比胆识，如梅茹、张红琳、冯艳萍等，他们爱学习，有时考试与任务发生了冲突，他们就找到我替他们代班，我二话不说，一是支持，二是向他们的组学习，我是自愿的，觉得很值得。学习外语是有难度的，有时是很枯燥的，疲劳时也是学不进去的，但是，毅力、意志及精神总会战胜它，学总比不学好，日久天长必有成效。通过学习使我对"学习"二字感受颇深：学习使我明智识理，学习使我增强实力，学习使我充实生活，学习使我调整情绪，学习使我战胜困难，学习使我创建业绩，学习使我笑对人生，学习使我充盈活力。

驻外学习活动报告

学习计划

一、认真组织学习、领会活动安排的精神实质和过程,掌握时间节奏和重点,确立本组的工作谋略。

二、统一组员的思想意志,发挥班组精神,人人在活动中争先及时抓好典型和工作报告。

三、活动中注重空防安全、客舱安全和航班正点工作。

四、清晰主旋律,把英语学习落实到活动中,让我组活动有鲜明的特征:" health service, comfortable service, friendly service,and warm fragrant service ."

五、班班有记录,通过群体产生一个微笑好、工作好的优秀者,以促进每个组员的积极性。

六、抓好组风建设,对于在活动中不积极、拉后腿的组员给予一次提示、二次离组的制约,目的是不走过场、不流于形式。

七、发挥全组力量,收集好航班客人的反馈意见、好的事例和有价值的建议及意见,及时整理上报分部。

八、强调排头兵、基准兵的作用,骨干前边走,组员后边促,并在此分部活动中贡献本组的力量。

学习地点:莫斯科人民宾馆

学习内容:关于落实客舱部开展"健康 舒适 亲情 温馨"服务活动的安排

学习方式:

1. David宣讲活动安排的内容和本组贯彻思路

2. 个人谈认识

3. 通过组落实活动的计划并上报分部

参加人员：张红英 吕戈明 夏洪津 黄京辉 吴妍 赵晓斌 韩昀 柳佳 杜蕾 颜威 赵立

个人发言要点：

张红英：SARS之后开展此项活动非常及时和必要，我是SARS后期成为中共预备党员的，一定在此活动中经受考验。

夏洪津：认真理解活动主题的含义，并在工作中努力实践。

吕戈明：发挥自身优势，配合David，在活动中开展英语学习。

黄京辉：做好本职工作，让活动主题在我身上体现出亮点。

吴妍：客舱就是舞台，扮演好角色，就是落实活动主题的承诺。

赵晓斌：摆正个人和公司有如一滴水和大海的关系。

韩昀：时刻准备着，我是国航人，客人是国航的财神。

柳佳：从我做起，从现在做起，从细微处做起。

杜蕾：比认识，比操作，比精神，比收益。

颜威：牢记班组精神，团结有力量，我尽其力。

赵立：练好基本功，扎实做工作，让我的岗位更精彩。

David乘务组上报

2003年7月15日

带组有招

带组数年有建树,起飞落地无错误,
"三情旋律"融客舱,敬业爱岗创新路

起飞前:口述检查单"三齐""一有""一签字""一请示"
    三齐:客人齐、手续齐、机组齐
    一有:有否关封
    一签字:和地面服务员交接并签字
    一请示:请示机长可否关门

落地后:口述检查单"三交""一还""一复检""一报告"
    三交:交手续、交关封、交商务袋
    一还:还限制物品
    一复检:复检分离器把好安全关
    一报告:机组解除滑梯要报告

工作中:
    一、清晰主旋律,"以情服务"
    迎客"热情"是开演
    工作"温情"是场序
    送客"亲情"是高潮
    二、组好二重唱
    主角和配角的关系、领唱和伴唱
的协和,即主任乘务长李春甫和组员群体相呼应。
    三、A.自我介绍
    (语言种类服务、融入全客舱的监控,明确责任人的角色,
问题面对面的方法)
    B.重点监控
    起飞前、餐饮中、开饭后、值班时特殊问题处理。
    C.信息传送:
    下降前征求乘客意见,介绍到达地的情况,如时差、温度、
时间、天气条件等,然后以饱满的工作热情向旅客致意,广播由
李春甫负责。
    四、主任乘务长不是编剧而是导演,不是作者而是演员。
    五、数年来经验在长,知识在长,经济在长,时光在减,失误
在减,烦恼在减。

乘务组管理点

加强乘务组管理是分部的大事,现设定四个方面的管理点,以确认各乘务组的综合素质值数,请各乘务组遵照贯彻落实。

一、班组精神:

1. 乘务组管理的主线是什么?

2. 乘务长的带头作用怎么样?

3. 党员的模范作用怎么样?

4. 乘务组完成任务的额度。

5. 误机、晚签到、迟到的次数。

二、业务技能:

1. 乘务组年复归训练合格率。

2. 乘务组英语中级考核合格率。

3. 乘务长英语工作应用率。

4. 乘务员广播标准验收率。

5. 乘务员两舱标准晋升率。

三、服务质量:

1. 及时传达、贯彻、落实分部和业务机关的信息。

2. 乘务组参加业务技能竞赛的成绩。

3. 航班服务中旅客抽样满意率。

4. 有效旅客投诉的额数。

5. 提高服务质量有创意的举措。

四、行政管理:

1. 乘务组贯彻、落实、支持分部的工作。

2. 组内团结,积极上进,不给分部添乱。

3. 事假、病假、年休假和疗养假的次数。

4. 交通安全和外事纪律。

5. 各种证件的保管和年体检工作的正常。

David   2001 年 11 月 18 日

解读"旅客是检验服务的唯一标准"

此题的选定必然让我们联想起数年前"实践是检验真理的唯一标准"的大讨论,这两个主题的共同点是,其核心都是实事求是,其实质都是从实际出发,按照客观规律的运行法则让事实说话、让事实认可、让事实作证。

主题当中的"唯一标准",就充分说明了事实的决定意识和意识反映事实,我们应该说,事实就是旅客的接受程度,旅客的期望值是否得到满足,这是我们确立唯一标准的根基,也是我们的承诺是否得到旅客认可的验证。这个事实的依据,并没有提出以年龄、学历、文凭、职务、经验等为先决条件,所以说这次主题的选定,让广大乘务群体的认同,是我们客舱部服务工作理念的又一次进步,思维的又一次扩展,认识的又一次深化,行为的又一次统一和规范。

就服务而言,是我们产品的接受者——乘客是否对我们接纳的态度,反映的是我们在市场畅销当中主渠道状态如何,他和其他消费群体一样,同样存在满意不满意、合格不合格、回销率多少、回头率多少等问题,所以我们把旅客作为衣食父母的比喻有着深刻的含义。服务是产品的理念,大家都认同,产品的质量好坏,是乘客最敏感的,也是最直观的,他直接反映了我们的产品是否健康、有生命力、有竞争力。我们的服务产品在很大程度上,不是代表个人,而是代表了群体,就是大家说的国航形象,所以说,产品的生产过程是一个从基础到高层、从内在到外形、从理论到实践、从意识到效应的综合过程,从表层上看,似乎平平,

可深度挖掘却机体复杂,社会上不是流传着服务链的理念吗?就是这个理儿。

检验是关键的环节,很多企业都设定了检验关卡,因为它是检验产品合格上市场的法官,我是这样理解的,首先要自检,对自我定位的理解,比如对"乘务长"三个字的理解,"乘务"就是工种,就是职能,"长"就是授衔,就是责任,就是权力,所以,我们当乘务长的就要不断地学习、不断地提高、不断地总结,才不亏待这个"长"字,实际地说,就是要比乘务员素质高、知识宽、能力强、发展快,这是组织上所期望的,是乘务员需要看到的,是乘客需要体验到的。

其次是试检。我们做事情不会百分之百有把握性和准确性,这就需要我们有一个提前意识,所谓的培训和模拟,看看自己所掌握的知识,能不能上市场去推销,所以,我们必须注重预先学习、超前领悟。现在有人说超前意识就是保险意识,有其道理,也是同志们说的"机会是给有准备的人准备的,是给有实力的人准备的",同样,风险也是给我们有准备的人准备的,不打无准备的仗也就是这个理儿。

最后说实检。所谓的实检就是到工作当中去接受检查,这是我们从事工作的实际目的,经得起检验,旅客拍了手、鼓了掌、写了信,说明我们平时的学习和积累是有价值的,是有回报的,相反,就说明我们功夫不到家、学习没到点、训练没到位,我们不需要这样的结果,我们有信心、有能力,来证实我们的努力和付出,也相信乘客是理智的、良性的和公正的。

通过解读"旅客是检验服务的唯一标准",我在认识上有了升华,明确了四个定位,即:乘务长定位、素质定位、标准定位和生存定位。我相信那两句话:"爱拼才会赢"、"赢家在强者"。

David 2004 年 6 月 18 日

DAVID乘务组年终工作报告

21世纪首年,我们乘务组在三分部党支部的领导下以及全体组员的共同努力下,完成了分部"双文明建设"以及"生产经济责任承包"指标。达到了管理到位、措施得力、收效明显的效果,服务质量稳步提高,旅客投诉率为零,安全隐患率为零,从而用数据和额度,为本组今年的工作质量划了一个圆满的句号。

客舱部杨经理曾提示我们"要和国际接轨,就必须学好英语"。回顾我们组一年的工作,我有这样的体会:"选择英语工程学习成为本组提高工作质量的切入点,是和国际接轨的有效途径。"通过从一个词汇、一个词组、一个短句、一个专业用语地循序渐进的方式,现在已形成了行为规范:"思路越来越宽,方法越来越活,内容越来越具体,收效越来越明显。"目前,本组已基本达到英语准备会应用率90%,航班英语操作率70%,飞行机组、保卫员、食品人员和清洁队人员对此举都有良好的反映。

今年4月5日,民航总局航安办监视员郭忠玉同志,乘本组921航班后,给国航客舱部留下的书面意见如下:"因工作出差去上海,一登机对此班乘务人员的精神面貌和工作素质甚有感触,我被总局聘用为航班监视员,实在说,这个组是我看到的最好的一组，无意中在机上 CAAC 杂志上看到对这个组的情况介绍，觉得还是很有特色的，乘务长 David 态度潇洒自如、工作精神气质更佳，因为去大阪的航班，听到了他流利的日语、英语和较标准的中文广播，真可称为国航的特色，其他服务人员也都有较好的服务水准，我看到客舱的气氛和旅客的满意情绪，说他们是服务一流是适当的。我在飞机下降前找到了乘务长，出示了我的身份证件，并查看了驾驶舱，希望该组再接再厉。"

7月2日，国务院参事、中国质量协会常务理事、北京质量管理协会副会长郎志正教授，乘坐了本组 1321 航班，也留下了书面意见："乘务组服务规范，乘务长李春甫同志工作主动，多次巡视机舱，指导乘务员工作，解决服务中的问题，这种情况在国航航班上很少见(有的乘务长有时一次都不巡视)，对旅客满腔热情。"

这名总局监视员和这名质量专家的鉴定，说明本组的服务质量是经得起检验的。

我们组开展英语学习工程，成为客舱部80多个乘务组之中一个有国航特色的闪光点，由于本组在此项工作中的不断探索和提高，从而不断增强了知名度，为国航客舱部争得了荣誉。今年3月《中国民航》杂志107期，刊登了题为《李春甫和他的英语乘务组》的文章，从而填补了国航乘务组在本杂志上未有先例的空白。今年6月《今日民航》第二十八期，刊登了题为《传播文明的国航英语乘务组》（The English Crew of Air China Spreads Civilization）。从而

使一个普通的群众班组和南航的"春辉品牌组"以及东航的"飞燕示范组"并列成为此专栏之三大特稿。

同年8月26日,中央人民广播电台《午间1小时·海外来风》现场专访了本组是如何开展英语学习、为世界各国旅客做好服务工作的。应该说,我们在此项工作上的实践和收获是三分部党支部大力支持和培育的结果。主任乘务长李春甫同志被选送去汉莎学习、乘务长李嵘同志被选送到二外提高英语、乘务长王奕奕同志被培养为入党积极分子、头等舱吕戈明同志被晋升为乘务长,杨露、陈敏、李莹和张菁同志被晋升为头等舱服务员。这些进步应该感谢党支部和全体同行。

今年客舱部开展"三新服务",我们乘务组紧跟新形势,而且把"三新"及其具体内容译成英文发给组员,同时采取落实"三新"的对策:新思维对新形象,新行为对新感受,新规范对新客舱"。

通过学习提高、总结工作质量,我们在特殊服务环节上也获得了旅客的认同:

5月17日937航班,到达伦敦前50分钟乘务员叶婷报告,一位英国老人从洗手间出来不小心自己摔在地上起不来了。我及时赶到现场了解情况,立即广播找医生,此时舱内来了两名医生,初步诊断是骨折。在此期间,我们安排了李晓玲和毕绍楠同志负责护理,我立即报告机长,联系伦敦地面救护车。老人对我们的处置非常感动。飞机落地后,我及时广播全体旅客在机上等待,请地面医生先上飞机诊治,此时客舱响起了一片掌声。

今年8月10日,从莫斯科回京,北京举办大运会,办事处经理和机长、乘务长协商,超售俄罗斯运动员票及时赶到北京入大运村,214个座售213张票,满足了俄方的要求,虽然大家一夜没合眼,也没有地方休息,可大家心里明白,这是我们为大运会尽了一个乘务人员的力量，做了一份奉献，换来了国际友情，树立了中国人的形象、国航的风范。一位运动员用清洁袋写了几句话："服务工作很好，乘务员很漂亮，我们也非常愉快，我们就要见到北京了。"（Service is good.Attendants are very beautiful.We are pleasant and are going to arrive in Beijing .）虽然客舱拥挤，但气氛热烈，很多运动员和乘务员合影留念，飞机落地后，客舱的欢呼声和掌声达到了高潮。

　　中国即将正式入世，民航事业的竞争将更加激烈，我们深知我们肩上的担子有多重。通过一年来的工作实践，我们懂得了一个道理，要做好本职工作，就必须有良好的思想、超前的意识和扎实的业务技能。在新的一年里，我们将继续把安全、服务、正常作为本组工作的重点，继续把开展加强英语学习工程作为本组建设的主旋律，同时加入小语种学习，协同提高服务质量，如日语、法语、德语、意大利语和朝鲜语。坚决执行和维护党支部的利益、生产派遣的利益和职工积极性的利益。请党支部和旅客放心，我们将更加努力!

David 乘务组　2001 年 11 月 18 日

"心"的飞翔

　　2004 年是客舱部改革有实质性突破的一年,其明显标志是乘务工种分层定位和 RM 系统机制派遣,这个动作是管理机制由内向型转为外向型、国内接轨国际的大服务行为。面对这种转变,客舱人经受了严峻的考验,在过去的一年中,它有过绚丽的光环,也付出了沉痛的代价。我是一名由军人转型的空中先生,在我 26 年的飞行生涯中,去年是我体会最深刻、工作最畅心、拓展最舒畅、收获最实在的一年,为此,我感悟颇深。

　　杨丽华副总裁曾提示客舱人:"要和国际接轨就必须学好外语,服务需要阳光心态,企业文化是员工素质的原动力。"可以说,它是我数年来工作上、生活中,收益最丰满的感言。同样的工作干得出色那才叫事业,大家同在一个起跑线上,领先一步就是财富,落后一步就背包袱。我定下了学习形势、学习信息、学习专业、学习外语、加速领跑的坐标。现在,我荣幸地告诉同行们、朋友们,我更深地领悟了学习的真谛,也必然懂得珍惜学习机会。经过近两年的努力,我获得了"英国三一学院和北京市教育考试院"合办的"英语听力口语五级考试"的合格证书,这是我人生中、职业中感到最自豪和欣慰的证书。说心里话,我非常感谢同行们每天每班每时陪我练、教我练和促我练,我说上了一次业余大学,同行们、朋友们,您说对吗?

　　客舱部的改革融入了大服务的 LOGO,其服务质量表现在乘客的感受上,要获得这个质量感受,关键词就是管理。什么是管理,怎样管理,管理标准是什么? 一年来,我认认真真地学习,仔仔细细地思考,扎扎实实地尝试,反反复复地推理,感受到了管理是件很有乐趣的事,有几个体会和大家探讨:如把"胆量管理"转变为"智慧管理",过去我们表扬人常说,你管理得很大胆;要求人也说,你要大胆管理;批评人也说,你管理得不够大胆;给人提希望也说，今后要大胆加强管理……听起来似乎有道理，那就是以胆子大为管理标准。然而其结果却不完全理想，听说有个乘务长胆子大、口气壮、脾气横，管来管去管出个绰号来，叫"瘟神"乘务长，群众测评中他的分值也很低。我们想想，是同志们苛刻吗？还是同志们放纵呢？这还有待于时间的检验。我说的"智慧管理"就是要动脑筋，勤学习，多实践，先武装自己再教诲别人，例如我有这样的策划——出港准备会抓"语言点"，一进入准备会状态，就力求开成一个学习会、动员会、信心会和提高会；驻外准备会抓"信息点"，重点是讲职责、议问题、提意见、防后患、再扩展。旅客是检验服务的唯一标准，关注旅客的感受，有问题找 David，努力当好负责任的乘务长，已成为我实施工作的主线。

把"严格管理"升华为"人性管理"，严格管理无可厚非，严在规章制度上，严在职业规范上，可在发展操作中其效果还不够充实，那还只是基础的基点，现代管理的人性化就是高层次、高品位。离人的感觉最近，需求最直接，效果就最明显。过去的管理是系统化，现代的管理应该是细节化。我们作为一线的管理者，其可操作性不就是在于人的服务细化吗？我是这样做的，拉近和乘务员的距离，工作上以信任、自信和互信为支撑点，让组员在轻松舒畅、快慰有章法的气氛中工作，因为旅客和 David 都关注您的感受，这正是您展示工作风范和人生魅力的平台。

把"经验管理"转变为"创意管理"。介绍经验、总结经验、尊重经验、学习经验，都是工作中的有效环节，可关键是不能停留在经验之下，而要在其之上，否则我们就不能进步和提高。我是一个老乘务员、新乘务长，带组时间仅占我飞行生涯的四分之一，我曾老老实实地学习过前辈乘务长，如学外语，我学过胡天翔；搞管理，我学过戴连根；以身作则，我学过林红；严格要求，我学过李建华；仪表着装，我学过李文昌，可我没有停在那个点上，而是认真地梳理、求实，有了综合式的改进和探索，其概念是实践出真知，与时俱进，接轨国际。

把"单一文凭管理"转变到纵深的"才能管理"。文凭是当今的时尚、求职之必需，可那文凭是学校的文凭，社会工作的文凭你还没拿到啊！过去固定乘务组时，我曾直接接触了有文凭的大学生们，还有几位重量级的大学生，在他们的参与下，我们开展了英语工程的活动，已享誉全民航，可现在文凭概念已经普通化，高文凭并不等于服务质量自然就高了。乘务员招进时就必须起码是专科生，这只能说明起点高了，去年客舱部重大投诉中被解雇的几名听说也都是大学生嘛！这种残酷的现实告诉我们，有文凭不等于有能力、有生存空间，还需要在工作中再学习，再提高。我清楚地记得一次准备会上，一位大学生竟对 kilometers, meters 和 kilos 概念不清，这是不学的结果。在服务大讨论中，我受部领导的委托，把自己的工作体会报告给同行们，说一点感悟，尽一点薄力，有乘务长、F舱、C舱、Y舱、大学生和新学员，近600人次，引起了良好的反响，我自己也获得了一次净化。

落实科学发展观，构建和谐社会，是胡锦涛总书记对全党全国人民提出的新主张，保持党的先进性是实现这一战略的关键。

越学越觉不够用，越做越感责任重，这自然是我的差距和今后的努力方向，过去得到了同行们的支持和帮助，今后更需要同行们的促进和呵护。"人格魅力，乃我之源；勤奋学习，乃我之翼；珍惜生活，乃我之本；乐观康实，乃我之力"。

David
2005 年 3 月 17 日

客舱与舞台

有人说,社会是个大舞台,每个人都扮演着一个角色,看谁演得精彩辉煌,我吸取了这个理念。客舱就是一个舞台,怎样演好这台戏,让客人满意自然是我这个主角的任务。这台戏我们是这样演出的。

1. 清晰主旋律

就是以情服务,有人认为,要"用心服务,用理服务,用德服务"等等。我认为,集中反映出的是以情服务,更为鲜明。那么,怎样体现出情呢? 首先是迎客热情,客人登机的感觉尤为关键,现在不是讲"第一印象"吗? 这里深含情理,你要以热情的问候、及时的呵护,把客人请入家中。其次,工作温情要展开,在整个航程中都要以温暖、温和、温顺的方式把温情体现出来。职业化的规范行为、独特有理的表达方式、与众不同的服务特色,都会感染和打动客人。最后,送客亲情现高潮,通过前两情的接纳交流,自然客主之间彼此满意,就如同亲朋好友留下难忘的记忆。难怪我们在执行飞行中,有的客人登机就说:"今天又是您的航班。"6月17日,我组执行940航班回京,受到业务室、检查人员的暗访抽查,当他们征求下机旅客的意见时,许多客人给予了充分的肯定,客人的评语是:此航班服务非常好,无可挑剔。

2. 组好二重唱

首先让组员明确主角和配角的关系、领唱和伴唱的协和,这就是大家常说的团结合作,分工不分家。我这个主角扮得怎么样,直接影响着服务质量、带动着全组的服务效果。为此,我摸索出了

国航最新A330-200客舱

"三部曲"——

一部曲：自我介绍

包括多语种服务，融入全客舱，明确责任人，问题面对面。一次飞深圳，广播员李晓玲同志在关门后广播了关闭电子设备的规定，可头等舱客人仍在打手机。小李去劝阻，客人说："打怎么了，我有急事，你广播我没听清楚。"此事我领悟到客人把女同志的广播当为欣赏，所以就重视不起来。回程时，我说我来试试，关门后，我及时地广播，眼看着几个客人关掉了手机，说明他们听清楚了、重视了。从此，这项广播我就承担下来，效果很好。一是客人知道了航班乘务长是男的，有事找他；二是打手机影响飞机和他本人的安全。

多语种服务给我带来了更加丰厚的服务收效，就仿佛外国人说中国话"你好"、"再见"一样，虽然不标准，但有亲切感，为此我努力学习，勇于尝试，向客人学，向办事处人员学，向雇员学，向组员学，现已摸出点门道。客人一登机，第一个面见的人就是我，下机时最后一个给客人留下记忆的人也是我，"您好"、"再见"（英语、日语、德语、法语、意大利语、俄语和韩语），从客人的掌声和赞叹及指导中我明确了努力方向。

二部曲:重点监控全客舱

包括起飞前的安全检查、开饭时是否漏送餐食、是否有特殊需求、值班中乘务员的责任是否到位和客舱反映及特殊问题的处理等等,这些都是我必须心中有数的。其实,大家能力相差不大,就看谁更勤奋、更细心,在这些关键点上,我实在地讲,我解决了很多难题以及客人将要投诉的事例。

三部曲:信息交流

包括下降前征求乘客意见、介绍到达地的须知,这已成了我的专利和组员的共识,飞行一路上,我要验收一下本班的戏唱得怎么样、客人反映怎么样,才不辜负企业的信任和客人的期望。下降前40分钟我到各舱征求各区意见,同时,把意见转达给各区的乘务员,让他们有一个自我肯定。另外,介绍即将到达地的时间、天气和温度也十分重要,这是客人十分想知道的。一次飞上海-东京时,到达东京之前,我在客舱内用英语和日语做介绍,35A的一个年轻女孩儿,非常兴奋地大声说:"你真的太可爱了,我乘机多次,没见过这样的服务。"这种爱是敬意的,我说:"谢谢你。"后舱的几位乘务员都听到了,因为这些是客人非常想知道的事。

通过工作实践和对事业发展的关注,我勉励自己,要更新观念,与时俱进,往前走,努力实践,不断充实,往深学,自树形象,苦练内功;往远看,发挥自身优势,掌握工作主动权,只有自己过得硬,管理才能管到位。

David

2002年7月26日

迎奥运年度报告

2007年客舱部组织转型工作是重中之重。在此期间,我深知我的角色就是让组织放心,决不能添乱。在那段人心比较浮动的日子里,我以一个航班企业负责人的姿态平安、顺畅、稳定、积极地做好每次出差工作,至组织转型工作到位。

随着2008年奥运会的临近,为当好承运人,客舱部在今年初就提早动身练兵,提出2007年乘客大体验的策略,而且分时间、分步骤、分阶段、分重点地开展工作,就此气氛和感受,我作为一名从业多年的乘务工作者,感到担子很重,还是那句老话:"形势喜人、逼人、不等人。"在具体的工作当中,我总是启发大家,用辩证法看问题。一是好形势,国航有生意;二是对个人有收益,不白辛苦;应该看到这样的形势来之不易。在航班中,我发现个别同志发牢骚、闹情绪,我总是积极地正面引导,特别是新同志,要看到工作来之不易,一职难求,难道大家还不醒悟吗?对于参加工作早的同志有想法,我也是解释到位:"如果你离开这个岗位还能干什么?我们的一言一行要被同行们敬服才对。"说实话,乘务工作是我们的生存条件、生活空间,要倍加珍惜,我们要用真情和激情来做才对得起这份工作。

客舱部实行网上准备,我们的专业又迈上了一个台阶,虽然还不完善,但积极作用已经显现出来,提高了业务知识,巩固了业务才能,扩大了业务范围,丰富了业务内容。

工作年头长是财富,是人生精华的展示,应该很好地为客舱——这块培养你的土地努力耕耘,培养新苗,带好新人,同时也感受到一种激励和充实,"有事找我",不是希望新人不做,而是看你是怎么做的,我有责任和愿望同你去解决。一次航班上,一名乘务员向我报告说:"乘务长,一名外宾定了特殊餐食,但我们没收到,他有意见怎么办?"我说:"咱们去看一下。"经了解,这名外宾是以色列人,定的是犹太餐,厦门小航站根本就配不上,必须到市里大饭店配制。后来,我向有意见的客人解释:"犹太餐很精美,制作起来很复杂,对您服务要求很高,地面工作没有做好,我代表国航向您表示歉意,您能吃点什么,我们一定尽力。"这位外宾一听顿时很高兴,觉得自己受到了重视和尊敬,就说非常感谢,有苹果就可以,我下次知道怎样安排自己的餐食了。再一次,飞940航班,起飞不久,一位乘务员惊慌地向我报告说,一个客人晕倒了,我立即跑过去,见他脸色苍白,手也发抖,站不住,显然是疲劳过度,我立即让乘务员端一杯热糖水来,我安慰客人说没问题。他喝了糖水后,感觉好多了,他说,早上没吃饭,昨天晚上也没休息好。然后我扶他到座位上去休息,并说,有事向乘务员说。客人连声道谢,并称回去后一定用书信向国航致谢。此时,站在旁边的乘务员说:"乘务长你自信、不慌、心中有数,我还以为他是心脏病呢!"我告诉他:"只要你多学习、多实践,今后也会自信、不慌。"

2007年虽然是客舱部组织转型的重要一年,但是,我本人也是学习收获很丰硕的一年。首先,我在5月初参加了国际协会IATA的教学培训并获得资格证书。不仅拓宽了视野,增强了才干,而且瞄准国际水平又晋升了一步,可以说这是又一个难得的专业资格证书,虽说自费较高,但我觉得值了。其次,8月份我加入了中国民族管弦乐协会,因我酷爱音乐,闲暇时就演奏几

波音747飞机

首,既起到了航后时差的调整作用,又陶冶了情操,还丰富了文化生活。发展前景非常乐观,虽然也是自费,但我觉得值了。再次,12月份我参加了全总、民航总局联合举办的乘务技师考试,这又是一次自我价值充实的良机。有人认为,飞行工作已经快到尽头了,没有必要也没有用途了。可我觉得越到尽头越需要抓住机遇,为自己从事乘务专业30年再提高一下,无论结果如何,贵在参与,这也是自费的,但我觉得值了。

2008年国家的大事是奥运年。我给自己的定位是"事业冲刺年",我下定决心紧紧围绕管理中心的指导工作操盘,"当好排头兵,不当班老大"。把安全、服务、责任、质量化并解码到实践工作中,为我30年乘务工作生涯铺上红地毯。可谓:

转业换岗三十年,风雨精华弹指间。

军旅精神敢问路,空哥风范映蓝天。

David
2008年1月15日于墨尔本驻地
VIBE HOTELS CARLTON

183

应急整顿工作报告

分部:

　　根据客舱部整顿思想、整顿作风、整顿纪律的要求,接到分部关于如何开展整顿的精神,我们利用1929航班立即组织落实,采取群策群力的办法,为防止走过场,我们请每个组员都参加,提出意见和拿出解决办法,每人两条,现报告如下:

　　一、参加人员名单:李春甫、王东云、靳连莹、刘旭、姚珍、何月梅、张砚荣、王玮、王见明、保静、于洋。

　　二、隐患及对策:

　　1. 旅客大行李始终没有根治,地面工作人员在登机门处把住最后一关。旅客限制品,一定要按规定收还,不能迁就客人的主观要求。

　　2. 洗手间里放香水架不牢,应请机务做有弹性的设备。

　　多数机门处的机械舱口盖滑动,绊倒客人,应请机务采取用黏合布的办法,方便、适用。

　　3. 座椅扶手上的铁皮和塑料老化,常刮破客人衣物,应及时检查更换。座椅下的救生衣个别位置不牢,甩到外边,应请机务加固设备。

　　4. 飞行中飞行员及乘务员在驾驶舱、货舱和八人休息室内吸烟,教育大家自我安全保护意识和大局意识。尽量减少乘务员航班中的疲劳程度,建议加强调度协调。

　　5. 个别旅客在起飞、落地时不系安全带,或假系安全带,我们一定要检查到位,认真、过细。个别乘务员在起飞、落地时有不系肩带的情况,应提示乘务员为旅客做好典范。

6. 韩国航线乘客的安全意识较差,爱用手机,语言不通,应加强韩语乘务员的配备。食品航食人员,经常将一些不同机型的餐箱装上飞机,导致拿不出来,应该严格装卸。

7. 部分机型放清洁袋、手纸、擦手纸的抽屉已关不严,在起飞、落地时经常滑出,建议检查客舱时提示机务。卫生间的烟雾探测器反映不灵敏,经常起不到该有的作用,建议机务经常测试一下。

8. 行李架有老化状态,造成砸伤客人的隐患,检查时一定要过细、扣牢。空中颠簸频繁,应及时广播,任何服务员都可以。

9. 旅客在飞机上打手机,乘务员劝阻客人不听,应像华航一样登机前拿掉电池。易碎物品拿到飞机上,地面应给予加固包装。

10. 东京、韩国、莫斯科关于吸烟的规定应通过法律予以取消,否则后患无穷。机门处的黄带子,应像747一样能弹回门框内,不要留在外边。

我给客舱部的几点建议

尊敬的客舱部领导:

客舱部思路开阔,改革创新,与时俱进,进入了新的时代。我作为客舱人,有责任向组织表达我的真情,提几点不成熟的建议,仅供参考。

一、干部层。年龄老化,无事业心,保待遇;思想僵化,求稳怕乱,保位置;方法旧化,无新招数,保形式。改进方法:知识化——求真防假,真才实学,不唯文凭论;能力化——求实防伪,指标到位,不唯年龄论。竞聘竞争上任,可借鉴选检查员的办法,先评德,后评才,交流、交叉使用干部。从而,给在职干部激发精神,增加压力,对组织负责任。

二、乘务长层。指出问题等同化,大家都一样,无促进;辈分化,论资排辈,吃老本;低知化,不爱学习,混日子,但求无过。提出办法:树立CF综合标准和单项式标准,可仿效机组等同标准的其他办法,如带队机长、教员机长和汉莎航空公司PS1、PS2的办法,宣传有业绩、有专长、有激情、有贡献的人,改进思维模式,最好不用以问题多少衡量的标准。主管业务干部,参听出港准备会,不要当面表态。

三、FC层:坚持德才兼备的标准,不要一个老鼠坏一锅汤。硬指标学历、软指标能力的综合人才,用透明的标准制度制约送人情、走关系的害处。

四、Y层:打好基础,领好路,选好向,关键在于选好干部,否则前功尽弃。开展阶段性的群众学习、比赛,选优促后,让乘务员把晋级的希望、精力放在实力上,业务部门一定要严把关、担保,主管干部签字、验证。

时间仓促,有不妥之处请领导指正。

David

2004年2月8日

5

英语乘务组

中国民航杂志社社长兼总编李石文为本书题词：

美语乘务组 李石文
题

备受关注的英语乘务组

1998年6月的一天，我执行国航精品航线CA931北京至法兰克福的航班。

飞机平飞后，头等舱的一名中年男子问服务员李晓玲："在飞机滑行起飞前，用中、英、德三种语言广播提示乘客'飞机马上就要起飞了，请您系好安全带'的男乘是谁啊？"李晓玲告诉他："这是我们的主任乘务长李春甫，他的英文名字叫David。"在开完第一餐后，他把我叫到他旁边坐下。我们相互做了自我介绍，原来他就是中国民航杂志社的社长兼总编李石文先生。

李社长说："我是国航常客，还从来没有在机上听过男乘务员的广播，而且还能用多种语言。"随后，我向李社长汇报了我带的是一个"英语乘务组"，我的想法和做法已经得到了分部党组织的支持，我还介绍了每个人的英语水平和每个人的英文名字。李社长听后饶有兴趣地说："以前我只知道国航有'金凤组'和'青年文明号组'，还没听说有一个'英语乘务组'呢！"他随手拿出录音机放在座椅扶手上。就这样，机上现场采访开始了。我从最

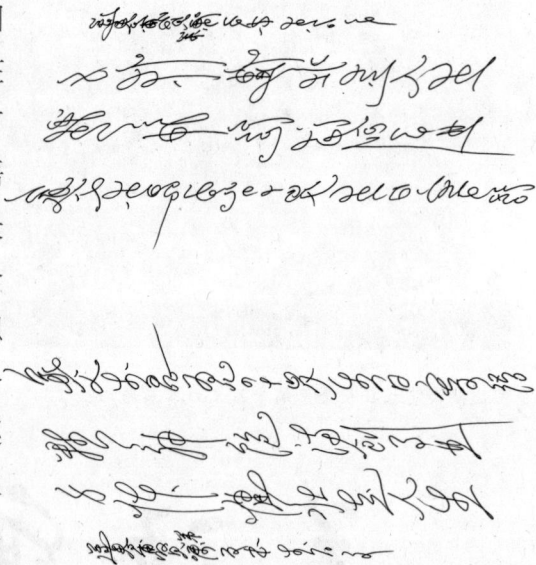

上图为李石文先生反向写法书法
下图为原书法作品电脑制作反转效果

初组建英语乘务组时的构想，到如何把英语运用到服务的全过程以及目前所取得的成效，都一一向他做了汇报。最后，李社长说："英语老大难的问题不仅仅在国航存在，在其他航空公司乘务队伍中也是一个突出的问题。你的英语乘务组的做法别说在国航，就是在全国民航系统恐怕也只有你们一个。"说完，他即兴双手同时握笔，现场构思，用我的名字画了一张笑脸，他还把我父亲给我的赠言"精神饱满创事业，身体健康走人生"用反向写法非常流利地写在了纸上。

李社长从法兰克福回京不久，就带着记者现场检验了我们出港的英语准备会，并采访了航班上的实施情况，而后在《中国民航》杂志上刊登了《李春甫和他的英语乘务组》一文，在乘客和同行中引起了很大的反响。

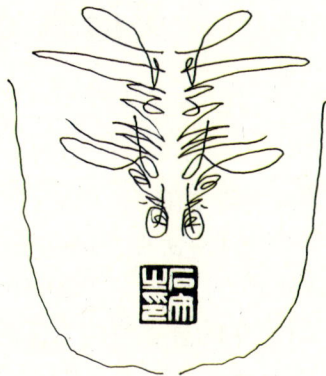

李石文先生用我的名字——李春甫双手反向画的笑脸

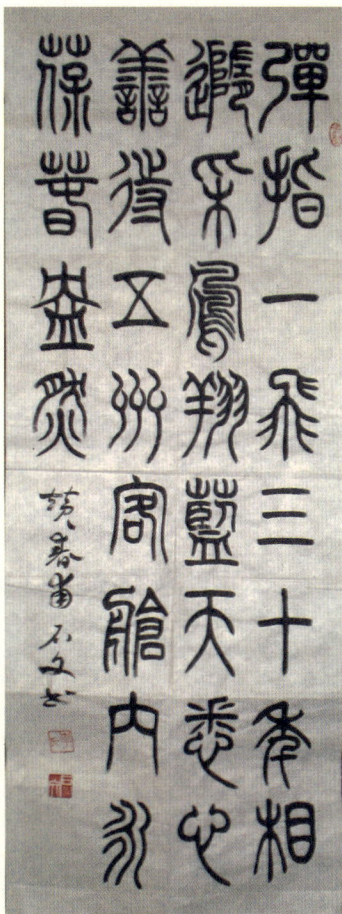

李石文社长的书法

189

"英语乘务组"的孕育方案

尊敬的党支部:

为适应民航发展的长远需要,鉴于乘务工种的现状,从本组现有条件出发,我郑重请示带领一个全体人员具备"民航局英语工程"中的具备中级水准的乘务组。为三分部在业务建设上出力,从语言方面率先和国际接轨(get in touch with world)。

通过实践和探索,使其成为三分部有操作力、有抵抗力、有生命力的拳头产品。为此,特来说明组织英语中级组的目的。

组织英语中级组的条件和时机已渐成熟。通过近2年的工作英语实践,我有信心、有实力、有经验来组织中级组。目前,本组通过分部的支持和组员的自我努力,已有12人进入英语中级档次。同时,分部吕志华经理本为大学文凭,是和其他5个分部经理的明显差别,是具备抓中级组的首要人选。因而建议分部早抓快抓,莫错过机遇,和其他分部拉开档次,采取率先敢于和国际接轨的新举措。从而构建一个看得见、听得着、用得上、前景好的管理群体。更重要的是打开三分部在抓全员素质提高的新局面。

下面介绍本组人员现有情况:

李春甫,主任乘务长,大专学历,英语中级,日语电大毕业。

李嵘,乘务长,英语中级(含爱人李晓玲同志),电大毕业。

FC舱英语中级人员:尹春元、李婉萍、李静、靳连莹。

Y舱英语中级人员:吕戈明是英语大学本科;杨露是大学生(无);刘国玉、张羽、覃毅,皆英语大专四级、日语半年。

组织英语中级组的管理原则:

一项共同承诺:即服从指挥、遵守规章、团结真诚、

190

密切配合、积极出勤、完成任务、保证安全、不出投诉、作风正派、文明待人、不犯自由主义、不损害集体利益、不背后议论人、不发牢骚，犯规出组。

二条主线：团结出正气、英语出效益。

三块责任区：班组责任区、党员责任区、职员责任区。

四个管理点：生产派遣、小卖部出售、驻外房管、供应品调配。

五个明确到位：人员、思想、职责、程序、重点。

组织中级组的发展思路：

一、全组人员以英语命名。

二、组织到年底形成框架，准备会上英语会话率达到80%；航班中，英语操作率达到60%。

三、人人能广播，发音、语调准确率达到本工种要求，同时对于会话能力达到反映自然、问答自如。

四、在工作环境中，看得见的会认，听得着的会讲，只限于水果类、餐食类、饮料类、配酒类、服务设备类、紧急救护类、厨房设备类、个别药品类。

五、远期学习内容以民航英语工程教案为素材。

组织英语中级组的需求：

一、请求分部的支持和重视。纵观全局，看到组织英语中级组的现实作用和长远价值。积极作用是主流。

二、人员调整的难度不大。目前已具备整体实力，不调整人员不能成为名副其实，绝不能搞花架子。服从分部大局，态度坚决，勇气大。

三、组员和乘务长的调整应考虑到形象、气质，因为这不是一个组的事，而是代表了三分部的形象和新举措，是政绩的体现。

妥否，报请分部审批。

李春甫

1998 年 8 月 28 日

英语乘务组人才录

自英语乘务组建组多年来，培养、输送了如下人才（1位高管、9位主任乘务长、13位乘务长）——

李静莉　高级副经理

David
太棒了！

李静莉
Candy
2008. 3. 12.

吕戈明　主任乘务长

阳光 心态
勇保青春活力

吕戈明

韩玉　主任乘务长

DAVID：
非常留恋在远……珍惜
生活 以姜口时光！

2008. 3. 13

李嵘、李晓玲　主任乘务长

能成为英语乘务组一员
我俩 非常荣幸！

李嵘　李晓玲
2008. 03. 17

王奕奕　主任乘务长

我心挚友，我心老师.
2008.3.14　　王奕奕

夏洪津　主任乘务长

祝 我的老乘务长
青春永驻！
夏洪津
2008.03.18

吴妍　主任乘务长

有问题找 David.
David's Fans
吴妍
2008.4.24

杨露　主任乘务长

有事找 DAVID ！
杨露
kulu
2008.3.14

中
国
空
哥

David.
激情. 友谊. 常在
Forever Young !
Juan. 陈曦
15. 3. 2008

陈曦　主任乘务长

我心中的 DAVID.

梅花性格的君子!
松柏精神的汉子!
董力
2008. 04. 27

董力　乘务长

DAVID :
永远快乐的常青树!

谷雨
2008. 04. 27

谷雨　乘务长

和您一起工作很
踏实
祝您永远年轻
李莹
08. 03. 14

李莹　乘务长

David:
让我们心血试服务
再铸花朵.
周蕊
2008.9.26

周蕊　乘务长

祝DAVID 天天快乐！
年年开心！
幸福常伴身边！

吴春燕
2008.3.18.

吴春燕　乘务长

学习你对工作和生活的
热情！

杨健
2008.3.14.

杨健　乘务长

您学习的精神值得.
我们俩敬佩

张志强. 毕绍辉
2008.03.14.

张志强　乘务长

David:
多才多艺
走人生！
for my teacher.

赵秋江　晶冰
08.3.15

赵晶冰　乘务长

祝福David 永远年轻
快乐每一天
怀念一起走过的历程！

叶婷 maggie
2008.08.08

叶婷　乘务长

195

中国空哥

张菁 乘务长

David:

让我们共同向前进!

张菁

lmy8 2008.5.1

赵晓斌 乘务长

祝DAVID永远年青

赵晓斌

08.03.18

毕晓彤 乘务长

David:

最诚长有才!

毕晓彤

黄京晖 乘务长

海纳百川　有容乃大

壁立千仞　无欲而刚

祝 David 明天会更好

黄京晖

2008.6.11.

196

语言就是一把钥匙

　　郭德纲的相声里有一个很经典的段子,说他们邻居家有一小伙儿,会八国外国话,英语、日语、俄语、德语、南斯拉夫语、北斯拉夫语、西斯拉夫语……反正这么说吧,和八国联军对着骂街都不带重样的。说实话,每次听到这里,我都会被逗得捧腹大笑。因为说来也巧,在这么多年的服务当中,我也逐渐掌握了八门外语:英语、日语、德语、法语、意大利语、俄语、韩语、泰国语,国内的我还会粤语。不过,我掌握这么多门语言,可不是为了骂街,而是为了便于服务的。因为在我们的航班中,经常会有来自各个国家的朋友,在遇到问题时,我掌握的这些外语,就能派上用场了。

　　还是在2002年的夏天,飞往南京的波音767飞机上,也是因为航班延误,迟迟才起飞。这时,一个乘务员跑过来叫我:"快来! David! 出事了!"

　　我连忙问:"别慌,怎么了?"

　　"你过去看看就知道了!"乘务员急得已经顾不上跟我细说了。

　　当我跟着这位服务员赶到客舱时,眼前的一幕让我非常惊讶:一个老外正半蹲在那里,用双手敲胸,还大声不停地喊着:"WHY?! WHY?! WHY?! "

　　我连忙走过去,也蹲下身子,问:"Do you speak English?(你讶,脸上的表情也渐渐松弛下来。在我的提议下,他回到自己的座位上坐了下来。

　　这时,我用法语跟他聊天,这才了解到,原来他最近坐了三次飞机,三次都赶上航班延误,感觉很憋气窝火:为什么我就这样倒霉呢? 因而他才做出这样的举动。在这么多年的航班服务中,我发现了一个很有趣的现象,那就是老外遇到问题时,首先责备的是自己,而不像我们的一些国人,首先指责对方。我们老祖宗就讲要"严以律己,宽以待人",没想到老外做得比我们好。

我对他解释道:"今天是航空管制,出门在外,难免会遇到各种各样的意外,您也不要太在意了!"然后,我又跟他聊起了巴黎,跟他说,我去过巴黎,那是一座很美的城市,也是一座艺术气息很浓的城市。我跟他聊起了凡尔赛宫、塞纳河、埃菲尔铁塔、香榭丽舍大街……然后又让乘务员给他端了杯水,他的心情也渐渐好了起来,也开始兴致勃勃地跟我聊起了大天。

当他下飞机的时候,我微笑着对他说:"我希望你以后还能坐我的航班!"他也笑着用英语回答我:"No problem!(没有问题!)"

我始终认为,语言能够给人提供惊喜的服务,当你在异国他乡,能够听到有人用你的母语跟你交流,那种感觉是非常不一样的。语言就是能够打开心扉的一把钥匙,作为一名机组工作人员,一定要多掌握几门外语,这样,才能够给不同的外国客人以惊喜。即使他们有什么不满,如果能够听到你用他们的母语跟他们交流,他还是会感到亲切的,火气也会消减大半的。

有人问我:"你的外语是怎么学的啊?"我往往会风趣地告诉他们:"饿出来的!"

这是实话。我前面说过,那次去南斯拉夫,因为语言不通,吃饭就成了麻烦事。比如我们要吃猪肘子,就要把手放在耳朵边做煽风状,然后再拍自己的大腿:"Pig!Pig!"费了好大劲儿,服务员才能明白。也就是从那个时候起,我发誓一定要把外语学会。

现在好了,不管到哪个国家,我相信,我都不会饿肚子了。

说到外语,我还遇到过一件有意思的事儿,有一次,有一位乘务员跑过来向我救急:"你快来听听那位老外说的是什么? 我听了半天都没听出来。"我赶过去用英语询问他:"Can I halp you?"那位老外却用生硬的中国话问我:"便所在哪儿?"

您瞧这事儿闹的!

响应号召学英语
中级考试我过关

　　我是民航开展中级英语工程以来第一批考试过关的考生，这也是我下决心学习外语后获得的第一个有价值的证书。当时参加考试的考生，有的是培训部英语教学的老师，有的是外语专业的大学生，还有已通过英语四级和基础非常好的同事。像我这样条件的人应该说是Only one！但是，我的功夫下得很大，临考试前两个月，我每天都是早上5点钟起床开始背诵动词不定式，晚上从8点钟到11点钟看英语电大的单元练习。

　　功夫下到了，考试自然也就过关了。但是，我有心理准备，我考不上不丢人，下次我还来。

空客A380，目前世界上唯一采用全机身长度双层客舱、4通道的民航客机

到David组进步快
到David组就得学

在RM系统以前是固定乘务组管理和对乘客服务的形式，在那个时期此种形式起到了积极的作用。可随着大客舱服务的体制出现和国际接轨的必然趋势，世界同行结盟是一种新的竞争机制和转型。这有利于飞行、乘务、商务、机务、货运等方面的效益提升，在这方面，国航是先行者，也是受益者。

当客舱服务部解散固定乘务组、实行RM系统生产调配时，我是举双手赞同的。虽然同行中有一些传统观念和不同的想法是正常的，可我在新生事物面前持积极态度。

在固定乘务组的时期，我们开展了英语工程组的活动，全国民航仅有我们一个组，而且收效显著。我们培养了很多的管理骨干、业务骨干，为乘务工种争得了很多荣誉和光环。可我们的组员都明白，我们今天所得到的成果是来之不易的。

心血和汗水告诉我"值了!"

英语工程组5年间,一路走来也实属不易。因为当时的"青年文明号"和"金凤组"都是得到了组织上的重视和支持的。因为他们是国航客舱乘务员的形象和品牌组,可我们是自己组织起来做的。当我提出这个想法时,得到了当时三分部党支部的支持。

其实做一件事儿,确实有些难度,特别是开展学英语活动。英语的老大难问题长期困扰着客舱乘务员们。我们也有过外语差、广播一星级的投诉和批评。我这个人是军人性格,一旦下定决心干的事儿,就必须冲上去。我们从一个单词、一个词组、一个短句入手,从准备会到贯穿于服务的全过程努力进行实践。可当时我本人和我的乘务组也受到了冷嘲热讽,说我是"傻大兵学外语,吃饱撑的"、"发音不准",甚至说是"出洋相",说我的乘务组是出风头。可我们顶住压力,坚持下来了。在大家的共同努力和党支部的支持下,我们得到了上级组织和媒体的认可。看见组员们成熟了、进步了,我也十分欣慰。心血和汗水让我感到"值了!"

外语学习笔记

——我就是这么学出来的

德语词记

早上好：Guten Morgen
您好：Guten Tag
晚上好：Guten Abend
晚安：Guten Nacht
再见：Auf wiedersehen
红葡萄酒：Rot wein
白葡萄酒：weiss wein
啤酒 Bier
请：Bitte schön
谢：Danke schön
鱼 Fisch 鸡肉：huhn
牛肉 kind Hünchen

2001 年 9 月

俄语

uvázhaeniie dáni i gospodá

nash samolét snizhaetsa

pozháłusta pristegnite remni

vztetaet

2002. P.25
909

2001 年 9 月

德语

REPRESENTATION A PARIS : AIR CHINA, DIRECTION, COMPTOIR ET RESERVATIONS
10, Bd Malesherbes - 75008 Paris - Tél : 42 66 16 58 - Fax : 47 42 67 63 - Télex : 280272 F - Sita : PARDDCA PARRICA
SERVICE FRET B.P. 10342 - Fret S - Bât. 3206 - Porte 2190 - 10, rue du Pavé - 95701 Roissy Aéroport CDG - Tél : 48 62 30 65 - Fax : 48 62 31 92 - Télex : 231407 F
ESCALE B.P. 20234 - Aéroport Charles de Gaulle - 95713 Roissy France - Tél : 48 62 72 50 - Fax : 46 62 86 72 - Sita : CDGKKCA
S.A. au capital de 1,5 milliard de Yuans - R.C. B 353 064 300 - SIRET 353 064 330 00023 - Code APE 742Z

202

法语

日语

中國空哥

TAKE-OFF

Signori e Signore attenzione prego,
l'aeromobile decollerà tra breve...
Per favore vi preghiamo di allacciare le
cinture di sicurezza.
GRAZIE

LANDING

Signori e Signore attenzione prego,
l'aeromobile sta per atterrare...
Per favore vi preghiamo di allacciare le
cinture di sicurezza.
GRAZIE

WELCOME

Signori e Signore il capo cabina
dell'aromobile vi sta parlando e vi da il
benvenuto a bordo.

2001 年 9 月

意大利语

韩语

2001.8.27 于别机场

a niang ha sai yao

Ham sa ha mi da

a niang hi ka sai yao

菜果汁: ka gua juce

矿泉水: 石广 矢泉 su

水块: O: lae nu

糖: te tang 奶粉

啤酒: maigiou

这边: Yi zhao cchok

那边: Dui zhao cchok

请座下: AN ZI SE YAO

米饭: BAP 玉米: WOL

鱼: SAENG SEON 牛SO

鸡: tang koki

系上安全带: AN JEON DDI MAE SAE YOO

谢谢收听: KUM YEON YIP NI DA

辛苦了: SUGO HAXIAO SIMIDA

请什么名字: 哈笑新咪店

"傻大兵学外语，吃饱了撑的"

连ABC都不知道的傻大兵为什么要学外语呢？是什么让自己认识到了不学外语就没有出路，也难以立足呢？我学外语是从吃不上饭开始的。

有一次飞南斯拉夫，一周一班，一住就是七天，当时住在贝尔格来德一家宾馆里。那时我任乘务大队三中队中队长，早晨我和乘务员们一起去吃早餐，宾馆服务员过来订餐，乘务员问我："李队长你吃什么？"我说："你们吃什么我就吃什么。"后来，有几次早上乘务员没起床，出于虚荣心怕难看，我只能饿着肚子等着他们中午起床。一连几天使我下定决心一定要学好外语，否则是会饿出胃病来的。我开始向乘务员询问各种菜名，都一一认真记录下来。如：煮鸡蛋、摊鸡蛋、蘑菇汤、火腿、香肠、黄瓜等，这样一来，我不但吃得饱了，更吃得好了。所有的菜名我都认得，并可以流利地说出来。

类似的事还有在服务工作中遇到的一些语言障碍，更激发了我学英语的热情。

我的英语老师就是一台小录音机。从一个单词、一个词汇、一个词组学起。早晨背动词不定式，晚上看英语电大单元复习题。后来达到条件反射，看到 English 就想到 in English，看到 on 就想到 on Monday。每天拿小录音机反复播放练习发音。随身带着文曲星，遇到不认识的单词立刻查出它的意思并努力记在脑海中。通过自己的不懈努力，终于取得了一个又一个成绩：

男人之真，终身学习。同样的工作干得优秀的，那才叫事业。

2003年3月3日
于旧金山

1. 黑龙江大学英语系函授毕业专科学历
2. 英国三一学院和北京市教育考试院的英语听力五级资格证书
3. 英语电大毕业证书
4. 日语电大毕业证书
5. 民航英语学院中级合格证书
6. 中国民航干部管理学院乘务英语结业资格证书

为什么说傻大兵学英语是吃饱了撑的呢? 因为客舱服务部所有主任乘务长当中没有用英语开准备会的,准确地说就是中文和英文"双语"准备会。好处有三:第一,创造可以班班学习外语的机会,不断地、反复地学习复习专业用语;第二,集中组员的精力提高准备会的质量;第三,可以逐步提升口语的听的能力,因为是不同的人和不同的条件,长期坚持等于上了一次业余大学。

有个别人提出不同的意见也是正常的,讽刺几句,什么"出风头"、"发音不准"、"语调不对",我都善意地去接受。我很佩服我的这股勇气,因为学习外语没有错,更不是多余。外语水平差已经成为我们乘务员队伍中的老大难问题。有组织上的支持、多数人的参与,我下决心学习并一直坚持下来。

当我掌握外语比较熟练以后,我就有意识地把外语用在工作中的相关环节上。在一线的服务中,我能很自如地和国外旅客进行很好的沟通和交流。经过长时间的积累,我的英文名字David,在国内外朋友及同行中已小有名气,并且和他们建立了很深的友谊,也拓宽了我的视野,改善了我的信息结构,有利于我工作中的改进和创新。如今,同行们对我的这种做法很认可,也敬佩我学习外语的这种精神。我的结论是:学习外语是有用的,也是必要的,非学不可。

英语工程提要

Memorandum

D

1. Working theme

    A. Clear working assignment

    B. Try our best on flight.

    C. Make you known together.

    D. Promote friendship.

2. Working emphasis

    A. Safety first

    B. Service quality

    C. Measures of air defense.

    D. Be sure, all the assignments are fulfilled properly.

3. Please tell us four key points of air defense?

    A. report   B. judgment   C. tactics   D. importance

4. Please tell us four key points of our service?

    A. Smile service   B. Subtle service

    C. Elastic service   D. Language skill

5. What's the function of oxygen bottle?

    Used as first aid to patients

6. What's the function of Hallon fire extinguishers and water fire extinguishers?

    Hallon fire extinguishers can be used for all kinds of fire emergencies. Water fire extinguishers can be used only for the fire on paper wood and cloth.

7. What are the main items of subtle service?

    Subtle service includes watching call button reading light, cleaning lavatory, patrolling in the cabin and communicating with passengers.

8. What are the two important things in the flight?

    A. Safety first   B. Service quality

9. How do we carry out the policy of safety first and service quality?

    A. Keep working hard.

    B. Keep improving.

10.What are the main items of safety check?

    Seat belt fastened, NO luggage, near emergency exits and aisles, overhead compartment latched, seatbacks and tables to the upright position.

11. Are you satisfied with our today's service?

12. I am going to complain about your service.

    We sincerely expect your valuable comments, thanks for your help, please enclose here with your name and phone number if it's convenient.

13. What are the two important things when entering Australia?

    A. Spraying medicine of the quarantine

    B. Customs regulation.

14. What are the two important things when entering United States of America?

    A. NO Smoking.

    B. Can't sell duty free goods

15. Please translate the excellent line fight and code sharing flight in Chinese.

Working Procedure

1.Turn the mode Selector handle to the auto position.

   Cabin doors checked by each other and rechecked

2. Present our regards to passengers.

   Bow at 30° all together.

3. Safety check.

   What are the items for safety check?

4. Watch safety instructions with the passengers.

   What are the items for subtle service?

5. The flight attendant should sit down when the CF ask the passengers to recheck their seat belts. Watch your own safety area.

6. Distribute newspapers,

   Standard and discipline.

7. Before meal beverage service.

   Make announcement and use polite language.

8. Meal service.

   Recommend patiently and offer special meal service.

9. Refill beverage.

   Know passengers request.

10 .Collect meal sets.

   Use polite language and clear up.

11.Distribute the arrival cards and health declaration.

   Don't miss any passengers and help the difficulty passengers.

12. Duty free store service.

   Make sure everyone's on duty.

13.Walk in the cabin and provide what the passengers need of service and clean the washroom at same time.

   Elastic service,

14. Fifteen minutes before landing the FA change their uniform and recheck the cabin and the galley.

   Be sure all assignments are fulfilled properly.

15.Check the cabin carefully after all the passengers disembarked.

Check the cabin carefully.

The Route Peculiarity and Characters PAS

一、因航路和季节的变化,由天气和气流的原因造成的颠簸。及时广播提醒旅客系好安全带。中度以上颠簸停止服务工作。

Because of the changes of the flight route and weather, there will be some turbulence on the route. Make announcement to remind passengers of fastening their seatbelts. The cabin service will be suspended during the moderate turbulence.

二、此航段夜间为了旅客的安全,提醒旅客系好安全带。

For the safety of PAXS during the night flight, remind them of fastening their seatbelts.

三、日本客人喜欢喝啤酒和葡萄酒。

Japanese PAXS like beer and wine.

四、此航班老人和小孩多,注意特殊服务和细微服务。

There are a lot of senior PAXS INF and children on this flight. Provide special service and subtle service.

五、此航班有语言障碍,注意帮助有困难的旅客填写入境卡。

Help the PAXS who have difficulty in filling in the arrival cards.

六、此航班不能吸烟,特别注意客人在洗手间吸烟。

This is a no-smoking flight. Please give warning to the PAXS that they shouldn't smoke in the lavatory.

七、此航班可以吸烟,提醒旅客到吸烟区吸烟并注意安全。

This is a smoking flight. Please require PAXS to smoke in the smoking area and pay attention to the safety.

八、白天飞行客人比较活跃,加强对客舱的巡视工作。

PAXS are usually more active during daytime, we must pay more attention to patrol of the cabin.

Memorandum

1. How many emergency exits, inflatable slides and evacuation rafts are there on this aircraft?

2. How long does it take to be inflated the slide to this aircraft?
   3–4 seconds for Boeing 737, 5–6 seconds for Boeing 767 and 7–8 seconds for other type of aircraft.

3. What is the capacity of each evacuation raft (boat)?
   76persons for Boeing767–200；58–78 persons for Boeing 767–300；44–48 persons for Boeing 747–Sp；60–75 persons for Boeing 747–400Com Bi and Boeing747–400p；51–81 persons for Boeing777–200; 55–78persons for AirBus340–300.

4. How many portable oxygen bottles are there on this plane? What is their function? Where are they located?
   There are 5 oxygen bottles on Boeing737.They are used for first aid to patients. One of the oxygen bottles is located in the cockpit, two at front boarding door and two at last seat row parti   tion.

5. How many Hallon fire extinguishers and water fire extinguishers are there on this   plane? What are they used for? Where are they located?
   There are totally 5 fire extinguishers on Boeing 737 .Three Hallon fire extinguishers are respectively located in cockpit, at front boarding door and last seat row partition. They are used for all kinds of fires. Two water fire extinguishers are located at front door last seat row partition. They are used for fires caused by paper, wood and cloth only.

6. How many first aid kits are there on this aircraft? Where are they located?
   There are 2first aid kits on Boeing737.They are located at front boarding door and last seatrow partition.

7. How many megaphones are there on this plane and where are they located?
   There are2 megaphones on Boeing737.They are located at door 1 left and last seat row partition.

8. How many radio beacons are there on this plane? Where are they located? How long can each   radon beacon be used?

9. Where is the crash axe located?
   It's in the cockpit.

10. How many flashlights are there on this plane? How long can each one be used? Where are they located?
    There are 4 flashlights on Boeing737.They are respectively located under each jump seat. Each flashlight can be used for 20minutes.

11. How long can smokehood be used? Smokehood can be used for 15 minutes.

Memorandum

F

1. What´s new service brand of cabin department?

   New image, new feeling and new cabin.

2. What´s the meaning of new image, new feeling and new cabin?

   Earnest service & entirely new service.

3. What earnest service stands for?

   Intendment, sincerity, love, patience, concern and confidence.

4. What´s the meaning of entirely new service?

   It consists of people, physical and evidence process.

5. What´s the service characteristic of cabin department?

   Attractive service, pleasantly surprised service.

6. What´s content of attractive service?

   Chinese traditional dress, different language greetings

   to passengers compellation service, professional

   broadcasting, original dishware, special service.

7. What´s the content of pleasantly surprised service?

   Birthday greetings, unaccompanied minors service card and

   fashionable toys.

Messenger in the Sky

I've been working as a cabin director chief purser in Air China for 30 years. I like my job so much that I view it just as my own eyes. My job is of very great importance everyday. We send "PAXS"from different countries of different skin colors,racial and speaking different languages to where they want to go. In this way,we help them to communicate with each other and promote their friendship. That's the reason why I like my job so much.

The first sight "PAXS"will catch when boarding is my smile and the first voice. They'll hear is my greeting "Good morning welcome you aboard Air China flight" and the last impression left to "PAXS"is also my friendly farewell "Good-bye I hope you have very pleasant and wish you successful in your work."

The most important thing to "PAXS"is the reliable safety and comfortable service. Every time before taking off,I'll make safety instruction on behalf of all of the crew to "PAXS": "Ladies and Gentleman this is chief purser speaking,we'll take off immediately. Please make sure that your seatbelt is securely fastened. Thank you for your cooperation." I'll instruct cabin attendants the safety check for PAXS. The safety check includes seatbelt fastened,No luggage near the emergency exits and aisles,over head compartment latched seatbacks and table to the upright position.

During the flight we'll offer the PAXS smile elastic languages skill,smart,sincere and subtle service,for example,watching call button,reading light,cleaning lavatory,patrolling in the cabin and communicating with passengers.

During the flights,some passengers need our special service. As the flight attendants,we should be good guide of those passengers taking flight first time,good nurse of the sick passenger,good daughter and son of the elder passenger,good

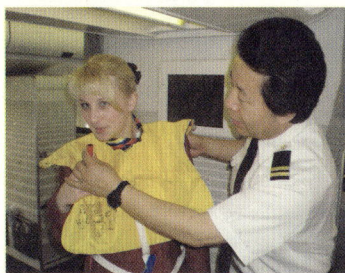

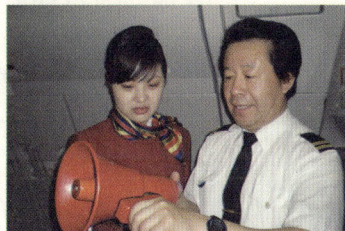

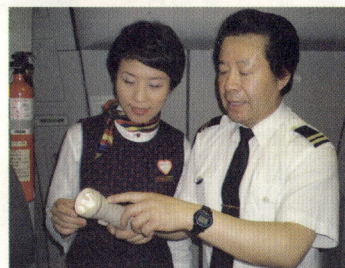

aunts of children and good assistants of the deaf,dumb,blind passengers.

Furthermore,more important is as the flight attendant we should be skillful to emergency equipment,handing emergency evacuation (land or water),putting off fire and rescuing (such passenger on board) and taking precaution against hijack and so on. That needs us learning and practicing during all flights.

For promoting further communication and friendship with PAXS form all of the world shortening the distance between PAXS and us,it is necessary for me to learn some local phrases and words.For example: "Hello""Thanks" "Good Bye" and "Fasten your seatbelt please",etc.

Now I have learned these phrases in Japanese,Germany,Russian,Italian,French and Korean and I also tried it during our flights achieved good result.

Since the PAX are of all kinds of identities,such as enterpriser,artist,diplomat, scholar and so on,we pay more attention to language skill. When we service them,we try our best to satisfy every PAX.

Sometimes PAXS congratulate their birthday,wedding anniversary or their traditional days on the plane,we'll present them fresh flowers,cakes or champagne according to their customs and especially give them our whole-hearted wish. The PAX are very grateful and they tell us they fell at home.

What PAXS care for most before arriving is something about the destination,so I'll make a briefing 30 minutes before landing to tell PAX the local weather temperature and local time. (Time difference and to dispose of troubles about some PAXS vomit or ear problems when the plane take off and landing) and also recommend PAX to make preparation for decent at this time. I will also ask PAX for their suggestion on our service.

At last,I'll make an announcement again:"Ladies and Gentleman,we'll be landing shortly. Please make sure to have your seat belt securely fastened. Thank you for choosing Air China and we hope to see you again."

Long-lasting and keep improving to catch up with the international first-class is what we Air China staffs strive for.

DAVID乘务组模拟训练纲要

项目	操作内容	方法重点标准	负责人
预先准备阶段	1.check style and image	女:化妆,男:发式。出进港排队行进。	CF
	2.Repeat location and function of emergency equipment	问答式,中英文译。例:memorandum A	CF
	3.watch Vedio tape of the emergency information	A.repeat emergency words B.Repeat evacuation procedure of landing	CA
	4.Air defence of hijack	A.work's importance B.special signal with crew	STW CF
	5.other message A.the route peculiarity B.voca tional information C.a few more requirements to be emphasized	A.资料宣讲 B.问答 例:memorandum B C.Make sure very one's duty two kinds of services: smile and subtle service safety first and service quality	CF STW CF
直接准备	1.紧急设备的检查 2.服务设备的检查 3.检查餐食和供应品的数量和质量 4.摆放报纸 5.检查厕所卫生用品	各门区服务员操作回答,到位无误; 各区位落实职责,有问题及时报告; 厨房乘务员准确无误(餐食质量,特殊餐食); 摆法(有廊桥,无廊桥),送法、姿势和选择; 职责乘务员数量,种类,签字通告。	CF,CA CA,PS4,6 CF PS4,6 PS4

飞行实施阶段	1.旅客呼叫铃,阅读灯服务 2.微笑服务 3.细微服务 4.巡视客舱情况 5.服务用语规范 6.供应餐饮程序 7.厕所卫生	反映快,3秒处理好; 笑容真诚自然,语言沟通规范,倾听客人反馈; 职业化(例如 memorandum C),倾听客人反馈; 客舱不断人,发现问题及时,处理方法得当, 使用敬语,勿用忌语; 程序清晰,统一到位,不死板,不教条; 及时清理卫生,不限人数。	CA STW STW CA STW CF,PS4,6 CA
	8.客舱安全落实情况	迎客时,协助放好行李,检查细致到位; 空中遇有客人取行李时,检查是否符合安全要求,如有颠簸,及时广播; 落地后,阻止客人早站起; 送客时,协助行李多的客人下机。	CA
	9.客舱乘务员值班情况	当天般班不设值班,全体在岗,灵活安排用餐; 驻外航班落实航线特点,有针对性服务,调整乘务长值班时间,段段有人负责,注意白天和夜航的特殊要求。	CF,PS4,6
特殊情况	1.对特殊旅客服务要有针对性,如老弱病残孕等。	抓住服务重点,主动、细致、周到。提供服务设施如轮椅、摇篮等。	STW
	2.航班延误时	及时了解情况,向客人广播解释。服务员到各自区域采取相应服务,耐心求同,取得支持,有情况报告乘务长。	CF,STW

6

艺术人生

与父亲李昆跳交际舞

40岁生日时，家父赠言予我："精神饱满创事业，身体健壮走人生。"这成了我新的座右铭。

唱歌跳舞我专业，麻将扑克我外行

　　娱乐的形式有很多种，就看你喜欢什么。我从小受到父亲喜爱歌唱的熏陶，又赶上了文革时代，当时的唱歌、跳舞就是时尚，是必须会的。接下来的人生路就没有离开过它，我在学校和工厂是宣传队员，在部队是文工团员，来到民航后又是文艺骨干。国航组织了两次艺术节，我亲自编导、指挥和领唱的节目都拿了第一名，现已载入飞行总队和客舱服务部的史册。我的这种专长对于我带好乘务组，做好乘务工作是非常有益的，因为我们的团队都是年轻人。

乐器会得多，时差倒得快

音话神韵

著名主持人朱军先生的《艺术人生》栏目，收视率极高，我也是他的粉丝，每次看完他的节目后，都会从中领悟到各自人生的成长道路、坎坷经历和如何创造成功。

我不能说已经成功，但我确实体会到艺术对我的特殊工作起到了特殊作用。我从小酷爱艺术，如唱歌、跳舞、作曲、指挥、二胡、小提琴、钢琴、巴乌、葫芦丝等乐器，确实帮了我很多忙。驻外回来倒时差，闲暇之余陶冶情操，朋友交际展示才华，既增进了友谊，又调节了气氛。国航两次艺术节大合唱比赛，我都拿到了第一名。当被人赞许时，心里也是美滋滋的。

风雨无阻，坚持数年

职业形象不仅仅是对空姐而言的，空哥也是需要形象的。实实在在地说，我的形象很一般，个子不高俗称"半残"。但我不能让先天的条件限制了我，这是完全可以通过有效的方法修正改变的。从1984年开始，我向康跃民老师学习梅花桩站位，走简单套路，一直坚持到现在。无论是到哪个国家，科威特极热，莫斯科极冷，我每天早上必须起床坚持站桩。到其他很多国家，我都找到了适应自己锻炼的场地。日久天长，当地的很多市民都和我交上了朋友，成了熟人，每次见面都很亲切地跟我打招呼。正因为如此常年坚持下来，所以我收获了健康和实惠。现如今"背不驼、眼不花、面无皱、脑不乏"，在将近30年的工作、生活中，我也总结和创造了自己的锻炼方法，叫做"动感十二节"。这是我在梅花桩站桩的基础上又增加了锻炼内容，有方式、有音乐、有节奏、有实效，一套走下来大约需要80分钟。我告诉大家："平米全身健身操，四季皆宜不吃药，体质强壮人生福，终身受益无老少。"梅花桩练体能是工作特性的需要，创动感练体态是职业形象的需要。

五 势
梅花桩

飞机在空中飞，像船在水上行，为做好本职工作，处理特殊情况，我学习了梅花桩，当别人站不稳时，我能站稳，脚下生根，我做的是服务工作，但具备保安人员的素质。

梅花由五片花瓣组成，有树枝、树干，梅花拳有五势、四门、八方。

图1

图2

图3

图4

图5

第一势为**大势**，见图1，大势变化(又名虎势)：气练丹田站当中，留神细看来人形。南来顺他向北走，东来顺他向西行。见劲使劲借他劲，不可争力逆进行。

第二势为**顺势**、见图2，顺势变化(又名单鞭)：单鞭伸开一条线，四面来人能改变。一变昆锤挂里手，二变豁山锤当先。三变手眼身法步，四变扫腿带地盘。

第三势为**拗势**，见图3，拗势变化(又名骑龙势)：拗势伸开似龙形，合肩扣步走西东。横走竖撞迎风掌，栽锤快锤不留情。左翻右转横摆腿，斜身拗步令人惊。

第四势为**小势**，见图4，小势变化(又名丁腿势)：小势站好稳如钉，踢趟拨缩似猴形。叨拿捎带靠身肘，勾挂踩伐步法精。摧腿劈腿迎风腿，上下变换快如风。

第五势为**败势**，见图5，败势变化(又名扑势)：败势伸开回头看，左劈右扣随时变。前后左右撑拨腿，前豁后挑上下翻。脚打七分手打三，千变万化快为先。

每一个势子都要做到正、顺、圆、满、够五个字，每一个势子都是对称的，既有左面大势也有右面大势，变势要快，站桩要稳，一般四至六个呼吸为一个桩。一趟拳练下来约一小时，包括：一进、二退、三法、四门、五势、六合、七疾、八方，当练到九成、十拧，就可以对打或散打了。

图6是**童子拜观音**，又名童子拜佛。

图7是**顷风扯**

图8是**小打虎势**

图8

图9是**打虎势**

图9

下面介绍擒拿：
擒拿分主动进攻擒拿和反擒拿两种。

一、同一方向进攻型，白衣服为甲，黑上衣为乙。

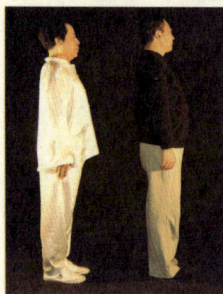

图10

图11

图12

1.甲乙二人同一方向行走(见图10)折腕甲上左步，左手叼住乙右腕，甲上右步同时右手击乙右肘内侧，左手折乙腕(见图11~图12)，从而达到控制住乙。

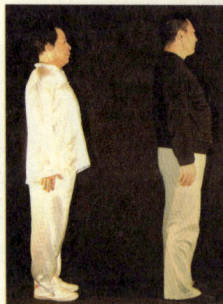

图13

图14

2.锁喉：甲乙二人同一方向行走(见图13)，甲上右脚蹬乙右国窝(膝盖后面)同时右肘圈住乙脖子，甲向左侧身，从而控制住乙。一般地说，要出其不意，攻其不备(见图14)。

图15　　　　　　图16　　　　　　图17

3.牵羊：甲乙二人同一方向行走(图15)，甲上左步左手叼乙右腕(见图16)，甲同时上右步，撤左步，折乙腕、牵羊(见图17)，拿住一节控制住三节从而控制住全身。

二、面对面进攻型

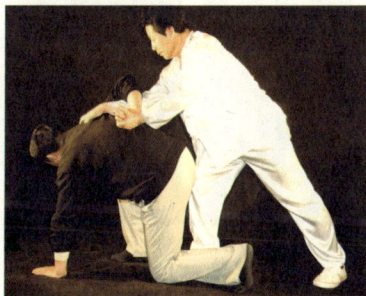

图18　　　　　　　　　　图19

1.别背：甲乙二人相对而行，甲上右步右臂插入乙前右臂，甲上左腿转身，擒住乙(见图18)。

2.单手擒敌：甲乙二人相对而行，甲叼乙腕，甲右手叼乙右手腕，疾步抱腰，甲用胯顶住乙胯将乙托起，或摔倒(见图19)。

3.大过桥：甲乙二人相对而行，甲上右步叼乙右手，甲胯顶住乙胯，甲左手托乙肘，甲右手锁乙脖子，甲弯腰约90度，将乙摔倒(图20)。

图20

三、夺凶器。当对面有凶器时，找适当的机会沉着、冷静处理，动作要准、快、狠，一招制敌夺刀。

图21　　　　　　　图22　　　　　　　图23

1.昆锤击面：乙向甲直刺胸部，甲含胸(图21)，同时左转身，用左昆锤，击乙腕部，乙刀掉(图22)，同时，甲用反背锤击乙面部(图23)，甲还可上右步拳击乙腹部。

图24　　　　　　　图25　　　　　　　图26

2.外进折腕：乙向甲刺胸腹部，乙左跨一步同时，左手叼住乙的腕部(见图24)，甲上右步折腕(图25)，甲双手用力折腕把刀卸下(图26)。

图27　　　　　　　图28

3.卸背：乙用刀圈住甲(见图27)，甲左手抓住乙腕内侧，甲右手抓住乙外肘部，甲用力外支，同时下蹲后转，同时用右手插入乙右肘，做一个别背，卸刀(见图28)，当甲的左手用力上推乙右腕时，甲右臂伸直，甲右食指压住肩井穴，从而制住对方，反败为胜，化不利为有利，化被动为主动。整个动作一气呵成。

四、夺枪

图29　　　　　　　　图30　　　　　　　　图31

1.正面夺枪:乙正面用枪指甲面部(图29)。甲左胯步闪身躲开枪口,同时左手叨住乙腕(图30)。甲上右步右手,合手折腕,卸枪制住乙(图31)。

图32　　　　　　　　图33　　　　　　　　图34

2.侧面夺枪:乙侧面枪指甲太阳穴(图32),甲转躲开乙枪口,上左步左手叨腕(图33),换右手叨腕,左手打反背锤(图34),甲可跪腿,也可用勾腿放倒乙。

图35　　　　　　　　图36　　　　　　　　图37

3.背后夺枪:乙用枪顶住甲后腰眼(图35),甲右转身,撤后腿,右手挂乙右手手枪(叨住腕)(图36),继续上一步左手圈住乙的脖子,右手擒住乙的手腕(图37),右擒拿折腕,手枪落地。

五、反擒拿东西很多，不一一介绍，例如头发被抓、脖领被揪、肩部被抓、手腕被抓、腰被抱住等等，都有解脱的办法。

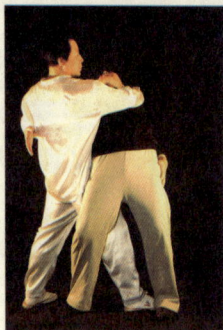
图38

图39

图38是撑拨腿的用法

图39是外摆腿的用法与破法图

摄影师　吴启明
表演者　李春甫
表演老师　康跃民

春甫兄：
　　页生体才戈·有闲
军旅精神结缘情
　　　　　　启明 2008.3.10.

春甫贤弟：
　　男儿自强．人生长河妙奋蹄
梅花馥芬　万里远洋表真诚
徐跃民　2008年6月22日
于纽约 Ramada

●和康跃民老师在纽约留影

动感十二节

动作设计、文字编辑:李春甫DAVID

平米全身保健操,四季皆宜不吃药;
体质强壮人生福,终生受益无老少。

■ 第一节　击椎摇胯

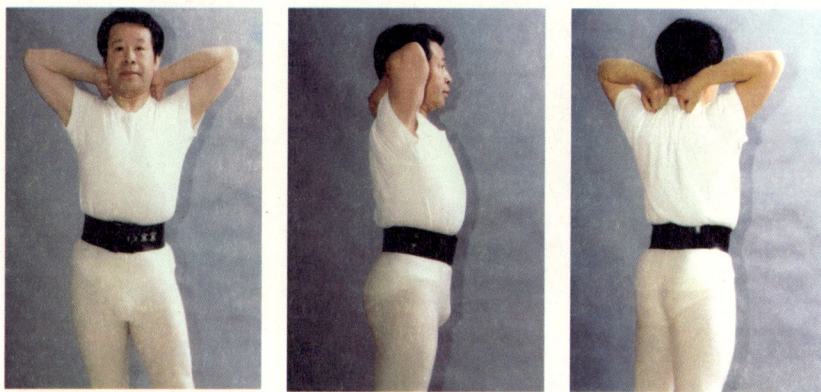

第一节:击椎摇胯

闭目心要静,旋体自然动,击打力适度,活血疏神经。

■ 第二节　下蹲臂回

第二节:下蹲臂回

脚站同肩宽,下蹲目睁圆,折臂要用力,注视目标圈。

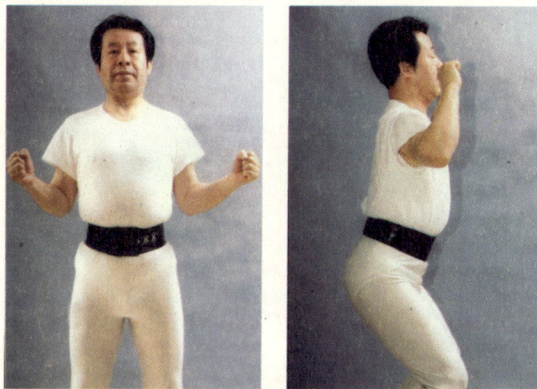

■ 第三节　揉腹摆头

第三节:揉腹摆头

摆头合上眼,揉腹按穴点,压下要力气,半节交替换。

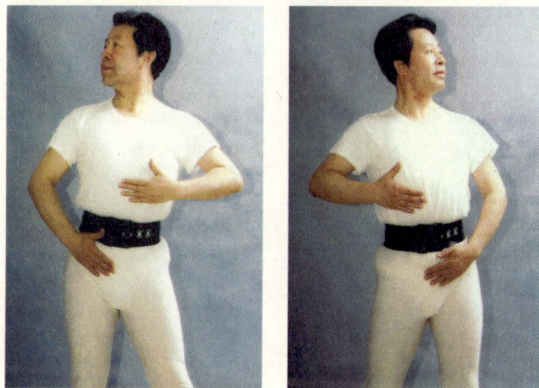

第四节 垫脚捶背

第四节：
垫脚捶背

　　抬步要轻松，
击背有弹性，
后部平打匀，
气息顺畅通。

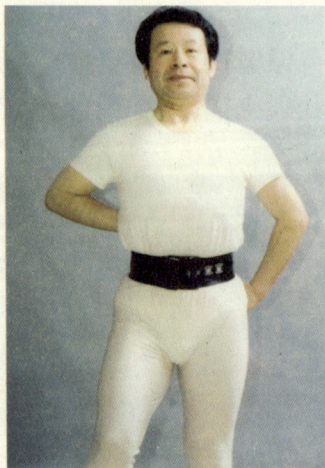

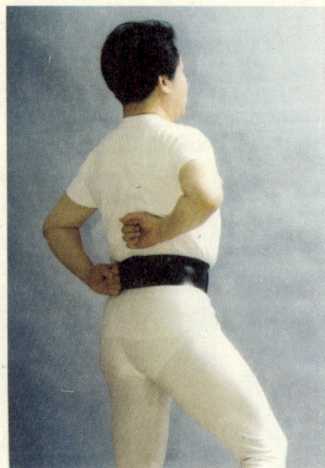

第五节 拉颈搓皮

第五节：
拉颈搓皮

　　双手交叉扶脖
颈，蹲姿内含力
要猛，摩擦头皮
上下移，眼合气
顺用力登。

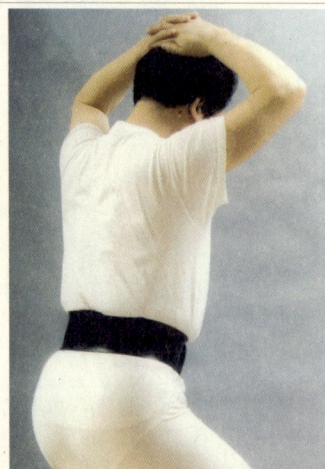

第六节 马步挥臂

第六节：
马步挥臂

　　马步拉开根
扎稳，上身
挺直方向
准，左右摆
臂不弯腰，
气运拳部出
手狠。

第七节　夹肋敲前

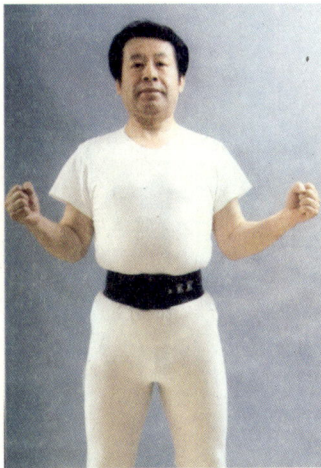

第七节：
夹肋敲前

上身挺拔目望前，
敲击上下夹肋严，
腿部穴位点到位，
前部毯打莫缠绵。

第八节　扩胸碰腿

第八节：
扩胸碰腿

左右摆动站稳位，
扩胸伸展抬小腿，
挥臂交替有层次，
腿撞穴点不觉累。

第九节　绕腰旋转

第九节：
绕腰旋转

弯腰晃动数心中，
旋转身体目不睁，
圈圈起伏气息助，
还原站稳似净空。

第十节：交叉换位

交叉换臂脚同肩，目视前方找准点，交替手势无障碍，手合下压气还原。

第十一节：立收抚面

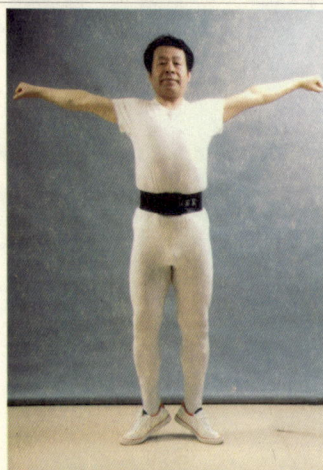

芭蕾站住挺直身，脚尖顶地收裆紧，横臂水平腹吸住，臀部上收不下沉。

第十二节：丹田气归

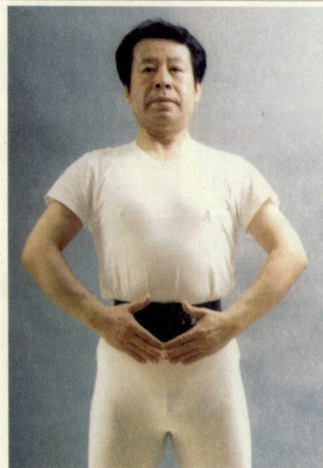

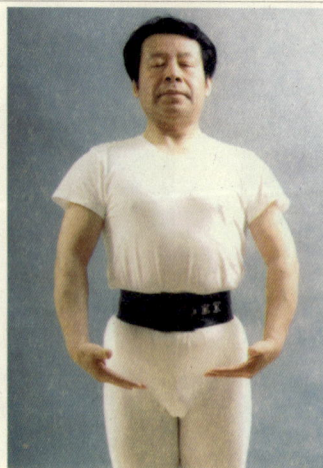

后摆击掌要用力，掌心摩擦增热气，敷脸呼气感觉爽，气沉丹田回原地。

自我体会的人生情态

空哥30年的生活路、工作路，让我饱尝了人生的喜怒哀乐、酸甜苦辣。无论是顺境还是逆境时，我都能从容地、乐观地、坚强地面对。因为在我脑海中时刻都牢记着父亲李昆先生为我过生日时的叮嘱："精神饱满创事业，身体健壮走人生。"对着社会人群、自然万物这几面镜子，我端详着自己的人生情态。

爸爸、妈妈把我抚养成人的那些唠叨，我现在想起来更觉得是我生命和家庭的原动力："你长大了要出去闯一闯，你懂事了要动脑想一想，你成人了要办事试一试，你就业了要大家望一望。"

●潇洒

●微笑

●讥笑

●奸笑

●大笑

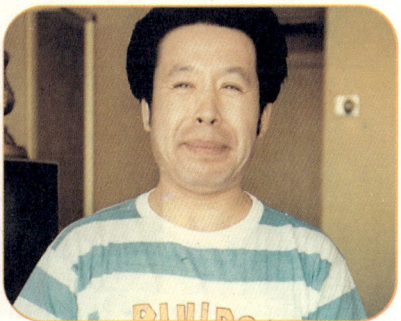
●酸

●甜

●苦

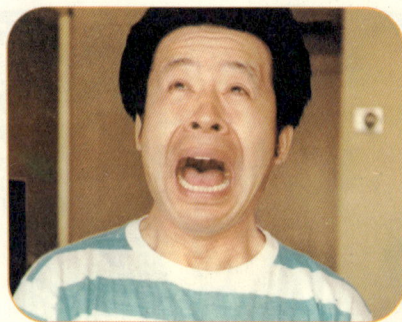
●辣

●认真思考

●胸有成竹

●得意忘形

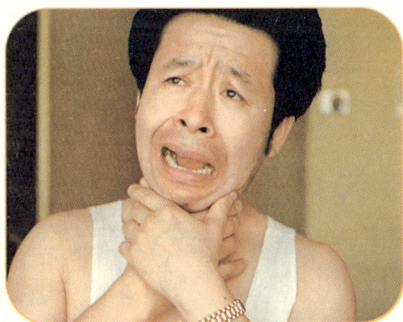

●乐极生悲

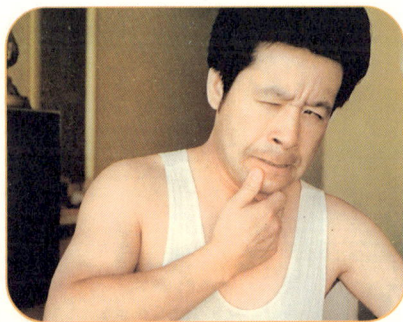

●心怀鬼胎

●两面三刀

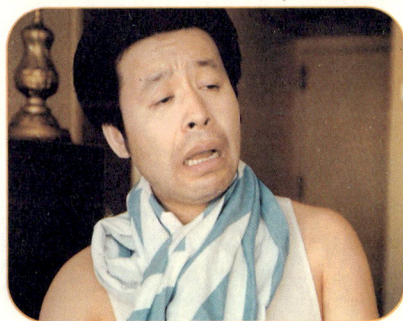

●装呆做傻

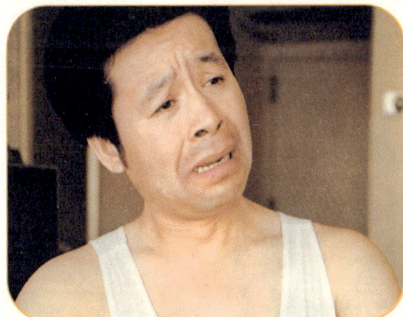

●含冤受屈

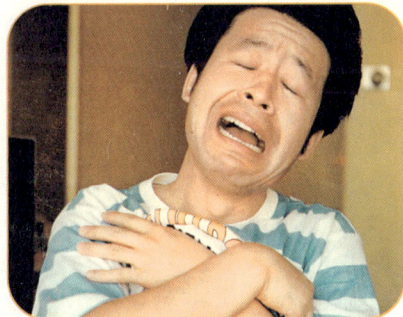

●痛不欲生

●义愤填膺

●咬牙切齿

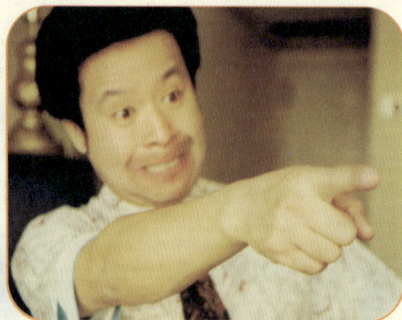
●凶暴残忍

●阴险狡猾

●骄傲自满

●兴高采烈

●激动万分

●信心百倍

●勇往直前

●恭喜发财

永远38岁

　　香港歌星谭咏麟说自己永远25岁被传为佳话,我不如他,但是,见过我的人都说我不像一个50多岁的人,都说我像40左右的人。说的人多了,我也很得意,有时,我顺着人家的话口开玩笑说自己永远38岁。

　　我保持青春、保持健康的重要方法就是坚持锻炼身体,磨练自己的意志,有一个好心情,就是说要有"阳光心态"。像我们这样常年在高空工作的人,会有很多职业病,比如脊椎病、静脉曲张、心脏病、肝炎、职业脱发等。我好几个战友的头发基本上都掉光了,大家开玩笑地说:"我的名字叫'几根发'和'无几根'。"有的甚至由于身体的原因停止了飞行的工作,这都是职业的特性所造成的。而我之所以能克服这些困难,保持健康,保持青春,就是有一个长期锻炼的意志和良好的职业心态。

乘务大队模特比赛
荣获中年组第一名

　　大家都知道,空勤工作是一个很累的工作,常年生活在运动状态之下,倒时差、生活不规律而且工作紧张,得不到良好的休息,这些都给空勤人员的身体造成了很大的伤害。

　　1984年我开始练习梅花站桩,老师是我们保卫队的康跃民

教官，他的功夫很深，我就跟他学习。每天早上，我5点钟起床，只要在家我都风雨不误，数年坚持下来，我的身体根基很扎实，适应性非常强。记得早些年去莫斯科，近一尺多深的雪，我站着练功一点都不觉得冷。除此之外，我还结合自己的工作条件和生活环境，自创了一套"动感十二节"健身操。只要有一平方米的地方就足够锻炼了，在家和驻外，甚至在空中休息时我都坚持把十二节做完。我已经养成了每天锻炼的生活习惯，一天不锻炼就觉得浑身难受、不舒服。

我是一个很能抓紧时间的人，以前飞国外的周期很长，有时在国外一住就是一个星期甚至半个月，大家都没有什么事儿做。男的打扑克牌、打麻将，女的织毛衣、逛街购物。我却把这些时间用在学习外语上，日久天长，反复积累，就打下了一个良好的外语基础。

人生的真谛在于不断地学习，不断地进取，不断地总结，这样的生活才有意义。也正因为如此，我才有38岁的感受、38岁的身体和38岁的心态。

《中国空哥》策划、作者、编辑组成员(从左至右)李岩、李石文、李春甫、周然毅、毕化霄于2008年11月12日在京对本书做最后审定。总策划家庭生活指南杂志社暨当代旅游杂志社社长、总编李岩题词:半生云端漫步,一世疏淡情怀;地球小世界,人生大舞台。

传播文明的国航"英语乘务组"

董玉清

原载《今日民航》2001.5

国航客舱部有一传播文明、响当当的"英语乘务组",他们平均年龄只有28岁。这个乘务组最大的特点是英语学习气氛浓厚,全组已达到"英语工程中级"水平。从主任乘务长到乘务员每个人都有英文名字,不管是平时见面打招呼,还是机上对外国旅客服务都用英语对话和交流。

早在几年前,原飞行总队乘务部实施了"英语工程"。"李春甫乘务组"暨"英语乘务组"以此为契机,抓乘务组的英语学习,克服了"书本英语、哑巴服务"现象。为了使乘务组的同志们学好英语,这个组制定了一项共同承诺、二条主线、三个责任区、四个管理点、五个到位的乘务组学习管理规定,旨在增强乘务员学习的自我约束力。

乘务组的英语学习从专业英语开始。李春甫和组里几个英语水平高的乘务员一起将机上用语归为30类。即"餐饮类、水果类、紧急设备类、紧急脱离类、天气预报类

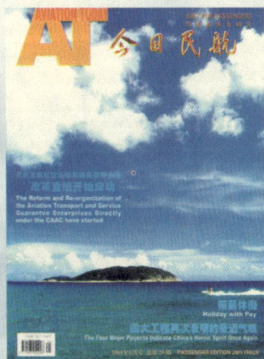

240

等等。除此之外，他们还将原乘务部下发的《业务技能岗位练兵习题》译成英文后连同《航班英语140句》发给组员。为了督促大家认真学习，每次出差前准备时，首先用英语提问问题，检查学习效果，随着英语水平的不断提高，准备会开始就用英文会话，就连业务科下发的《业务信息》《业务通告》也译成英文，使大家了解近期的业务及航线动态。

通过大家的不懈努力，组员们的英语水平有了显著的提高，不仅能与外国客人交流、沟通、帮助他们解决各种问题，而且在1999年的英语岗位大练兵竞赛中，"李春甫乘务组"的参赛选手分别摘取两次竞赛的桂冠。同年的国航岗位练兵知识竞赛中，他们组的选手又为三分部夺得"金牌"。截至去年底，李春甫乘务组里的14名乘务员全部通过民航"英语工程中级"考试，在乘务部80多个乘务组中名列前茅。

现在，"李春甫乘务组"进行了人员调整，不管乘务组怎么调整、组员怎么变化，乘务组的英语规范标准都一样，那就是立足客舱，学习语言，服务一流，让中外乘客满意。

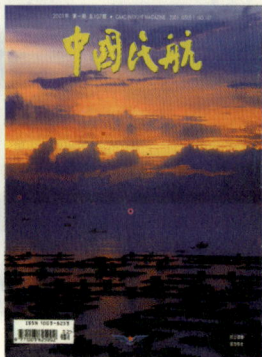

中國空哥

李春甫和他的"英语乘务组"

董玉清

原载《中国民航》2001.1

熟悉李春甫的人都知道,他的英文名字叫David,都被他孜孜不倦认真学习外语的精神所折服。在他的乘务组里,每个乘务员都有一个英文名,平时组员们相互用英文名字打招呼,用英语交流。在飞机上用流利的英语广播,与外国乘客交流、沟通,为他们提供满意的服务,备受中外乘客的交口赞许。《欧洲时报》、《唐人报》、《日本侨报》、《人民日报》的记者乘坐他们的航班后,纷纷在报上发表文章,称他们是"高标准、高素质的国航乘务员"。

李春甫是东北人,16岁进入武汉军区当空降兵,是部队里的文艺骨干。由于酷爱文艺,他考上了中南音乐学院(湖北音乐学院),24岁转业到民航。仿佛天生与蓝天白云有缘,又干上了自己非常喜欢的乘务工作,一干就是二十几年。工作中他深深地体会到,当好乘务员不容易。尤其是,飞国际航线,外籍旅客多,高质量的服务仅仅有微笑、细致、满腔热情和礼貌周到是不够的,必须解决语言障碍,学会并掌握一门外语。语言障碍不突破,就谈不上高质量的服务,他立志学好外语,踏上了艰难的自学之路。

李春甫对英语可以说原本是一窍不通的,必须得从A、B、C起步。1980年他在国航飞行总队举办的英语基础班学习了4个月,为他自学打下了基础。从此,学习英语成了他业余生活的全部。不管是航休在家,还是出差驻外,不论是航前,还是航后,只要有空余时间,他都是单词不离口、书不离手,到了如饥似渴、如醉如痴的地步。机舱为他提供了良好的语言环境,尤其是国际航班上外国旅客多,是他练习口语的最佳场所。他常说:"学好口语,一要'脸皮厚,二要胆子大',这叫在实践中学习英语,提高英语。"功夫不负有心人,现在他不但能自如地运用英语与外国旅客交谈,解决他们提出的各种问题,而且首批通过了民航"英语工程中级"考试,获得了合格证书。今年他又获得了"伦敦三一学院"英语等级"GESE"考核证书,英语口语水平达到了五级,在客舱部同龄人中是佼佼者。李春甫的座右铭是:"学习和服务一样,只有起点,没有终点。"他又自学了日语和法语,并在服务中应用。一次,国航招聘的日籍乘务员与李春甫乘务

242

组一起飞行。航前准备时，他用日语提问，日籍乘务员非常惊讶地说，我们已经飞好几个航班了，还没有碰到任何乘务长能用我们的国语为我们准备航线和业务知识，真是太意外了。

1996年，乘务部实施了"英语工程"。李春甫又酝酿了新的设想和计划——以"英语工程"为契机，抓乘务组的英语学习，克服"书本英语、哑巴服务"现象。他的设想得到了部领导和所在的三分部领导的大力支持，给他调整了乘务组。调整后的乘务组里有8名大学毕业生，虽然他们毕业于不同的学校，英语水平参差不齐，但为乘务组学习英语创造了条件。李春甫因人制宜，选"二外"毕业的吕戈明和英语六级水平的范春玲做乘务组里的教员和翻译，乘务组的学习就这样起步了。

万事开头难。有的乘务员认为，学不学是自己的事情，何必强求一致呢？还有的乘务员一说英语就脸红，总觉得不好意思。针对这种情况，他召开了乘务组会，要求大家统一思想，提高认识。讲清学习英语是时代的需要、竞争的需要、服务工作的需要，不学就会被淘汰。最后，大家思想上达成了共识，决心努力学习英语，适应新时期乘务工作的需要。他和组员们一起制定了"一个承诺、二条主线、三个责任区、四个管理点、五个到位"的乘务组管理规定，旨在增强乘务员的自我约束力。

乘务组的英语学习从专业英语开始。李春甫和组里几个英语水平高的乘务员一起将机上用语归为30类，如餐饮类、水果类、紧急设备类、紧急脱离类、天气预报类等等。要求大家天天学、班班练。除此之外，他们还将原乘务部下发的《业务技能岗位练兵习题》译成英文后连同《航班英语140句》发给组员，要求大家学习。为了督促大家认真学习，每次出差前准备时，首先用英语提问题，检查学习效果。随着英语水平的不断提高，准备会开始用英文，就连业务科下发的《业务信息》《业务通告》也译成英文，读给大家，使大家了解近期的业务及航线动态。至今李春甫乘务组还坚持用英语开准备会。

通过大家的不懈努力，组员们的英语水有了显著的提高，在1999年4月和7月乘务部开展的英语岗位练兵竞赛中，李春甫乘务组的参赛选手分别摘取两次竞赛的桂冠。今年9月国航岗位练兵知识竞赛中，他们组的选手又为三分部夺得"金牌"。截至2000年2月底，李春甫乘务组里的13名乘务员全部通过了民航"英语工程中级"考试，在乘务部80多个乘务组中名列前茅。

现在李春甫乘务组又进行了重新调整。李春甫说："不管乘务组怎么调整、组员怎么变，只要我当主任乘务长一天，我就会这样做下去。我的指导思想是，努力学习，增强自信，自加压力，不断前进，立足客舱，学习语言，追求一流，改善服务，让领导放心，让旅客满意。"

有这样一位乘务长

秦 辉

在中国国际航空公司客舱服务部,有一位主任乘务长,他以刻苦学习英语和工作认真负责而得到了同事们的赞扬,他就是李春甫。

一次航班飞行中,有位客人看到他认真细致地向乘务员布置工作,过后便问他:"你是什么领导?"。他回答:"主任乘务长。"客人又问:"这是什么级别?"李春甫笑着回答:"大似董事长,小同班组长。"听这样的话似乎是一句玩笑,其实不然。"一架飞机价值数亿元人民币,从这个固定资产看,说董事长一点也不过分;小同班组长,对于一个已不是青年人的男士来说并不能认为有成就感,但这个岗位责任重大,按最确切的话来说——责任重于泰山。"李春甫这样说。

要比组员有超前意识,不能当落后人。今年4月1日,分部为适应新形势,在乘务组转型和生产派遣改制上大胆进行了新的尝试。李春甫认真落实分部的部署,利用乘务组准备会,统一思想,认清形势,讲明道理,明确班组精神,围绕分部的生产经济责任承包合同,和组员建立了责任关系、信任关系和互动关系。他还在工作中及时调整不规范的程序,努力使各项具体工作统一到客舱部服务手册标准上来。

要提高业务素质,在这方面起表率作用。"客舱部杨经理曾提示大家,要和国际接轨就必须学好外语。外语学习是我的重点,在分部的支持、组员的参与和同行的激励下,我勇敢地试了试,说来也挺不容易的,开始有思想斗争,自问:我行吗? 我是不是在出风头? 我把脸皮拉下来,虽然耳朵听了点闲言碎语,什么发音不准啦,语法不对啦,甚至是出洋相啦,但是,我把这些都积极地理解为善意的帮助,否则就不可能有今天的可喜收获,这就叫"实践出真知",这就叫"干什么吆喝什么",要组员对自己从心里服气。"李春甫如是说。

要比组员能干,不能当懒惰人。"飞行中,我真的不像老百姓说的那样当"甩手大爷",指手画脚。我给自己是这样安排的:客人多,组员少,我顶岗在

原载《中国之翼》2002.10

位;客人少,组员多,我穿插补位;大家工作,我负责在客舱和客人沟通了解情况、征求意见,万一有问题时,能够把它处理妥当。驻外长航线,不论客人多少,值班顶岗我有份,我不接受脱岗的头衔,如开红白葡萄酒、帮助搬放饮料、推拉餐车,我都肯卖力气。我想,谁愿意和一个懒乘务长在一起工作呢? 谁又愿意和一个懒人交朋友呢?"

李春甫这样说的,也是这样做的。

要宽容,不能当自私自利的人。大家在一起共事,是一种缘分,是一种幸事,时间长了有点误解摩擦是正常的,你作为组里的带头人,就应该大度一些,以身作则,关心组员,要实事实办。如有要求入党的同志,就要积极培养;想当乘务长的,就要积极促进学外语、过中级、去金凤组,我及时向分部写推荐信介绍。我自己也在不停地学习和努力,今年初,国际航空报刊登了题为《外语真牛的空中先生》,7月1日党的生日,题为《国航就是我的家》的报道,给予了我很大的鼓励和促进,这无疑要求我今后要更加努力。"

在与李春甫的交谈中,总能感到他表露出的自然与质朴。许多同事说,这也是他的性格。

服务需要"阳光心态"

李春甫

国航副总裁杨丽华在客舱部季度生产讲评会上要求,乘务人员要有一个阳光心态。阳光心态就是你对所从事的工作的热爱,对乘客的热爱,对自我人生价值的热爱。这种爱的效应会给工作带来激情和灵感,给乘客带来温馨,同时也会带来充实和精彩的人生。

我务过农,做过工,当过兵,但是现在当上了空中先生,许多人对我的职业羡慕不已。一次,我回老家探亲,多年好友在一起聚会,他们在家乡颇有地位和知名度。畅饮之中,一位好友举杯说:"非常感谢春甫代表家乡人出国旅游了。"当时我心里一震,他们的期望是何等的淳朴。我们的国家正处在社会主义初级阶段,有多少人能乘飞机呢? 有的人一生可能就乘一次;可他会对你的服务牢记一辈子。

在工作中,有时我们受到旅客的不解和误会,这是我们工作的特性决定的,应当从容乐观地面对,用我们的真诚和专业所赋予我们的理性知识去理顺和化解。只要我们怀有"阳光心态",问题就会迎刃而解。一次,在飞机滑行时,一位C舱的客人打手机,乘务员立即去劝阻,但他却大声说:"我有急事,广播我没听见。"我立即走到他跟前,首先做自我介绍,然后讲清为什么安全包括您的道理。乘客立即表示理解和道歉。

任务忙一点,客人满一些,工作强度就会增大,就会辛苦一些,这时个别同志就有牢骚和怨言,可他们却不知这正是一个企业盈利的反映。如果相反,我们的工资和福利,又从何而来呢?

原载《国际航空报》2004.2.18

演好一台戏 当好主人公

李春甫

社会是个大舞台,每个人都扮演着一个角色,在舞台上展示自己。对于我来说,客舱就是这样一个舞台,怎么演好这台戏,让客人满意自然是我这个主角的任务。

在这个舞台上,以情服务是我们的主旋律,"情"将贯彻演出的始终。首先是热情迎客,热情的问候、及时的服务,让旅客感到家的温暖。旅途中的温情服务是这台戏的高潮,职业化的规范行为、独特有礼的表达方式、与众不同的服务特色,不仅最大限度地减少旅客的疲劳,还努力使空中旅途成为一种享受。最后以热情的送客落幕,给旅客留下最美好的印象。

作为乘务长,又是一名男同志,我在乘务组中肩负了更多的责任。以前由女乘务员进行起飞前的广播时,总感觉效果不是很好,经常出现旅客没有听清要求继续使用手机等情况,后来由我接替了这项工作,效果就好多了。此外,多语种服务也为我们带来了更加丰硕的收效。虽然我的外语不是很标准,但是外国乘客却感觉受到了尊重,倍加亲切;我自己也努力学习,提高外语水平,一有时间就与客人、办事处人员等交流学习,使我的外语水平有了很大的提高。

对全客舱的监控当然也是我义不容辞的责任,包括起飞前的安全检查、餐食的配送、旅客的特殊需求等等,我都要做到心中有数,落实到位。与旅客的交流是我非常重视的一个环节,通过交流不仅可以得知旅客的需求,更可以知道自己哪个方面需要改进,或是我们的服务在哪个方面还存在着问题,回去之后和我们的组员一起学习改进,使我们的服务受到越来越多乘客的肯定。

通过工作实践的磨砺,我认识到,只有更新观念、与时俱进、坚持学习、努力实践,才能保持自己不掉队、不落伍,才能进一步保持自己的先进性,各项工作才能做得更好。

原载《国际航空报》2002.9.9

国航就是我的家
——写在党的生日之际

李春甫

与时俱进,是江总书记对全党提出的要求,学习"三个代表"重要思想,实践"三个代表"重要思想,是党赋予每个党员的责任,我深刻地领悟到"三个代表"重要思想鲜明的现实意义和深远的历史意义。国航就是我的家,我从心底热爱空中乘务工作,并深深地感谢党组织对我的培养,我只有努力工作,尽职尽责,才能表达我真诚的感激之情。在党的生日即将到来之际,作为一名老党员,我的心情极为激动,为党的事业发一分光、出一分热,是我最大的快乐。在本职工作的实践中我有许多感悟,在这个特殊的时刻,我愿与广大党员同志们共勉。

一、党员要比群众有超前意识,不能当落后人

今年4月1日,客舱部三分部为适应新形势,在乘务组转型和生产派遣改制上做了新的尝试,我及时在思想上和行为上积极地为党支部开展工作,利用乘务组准备会,统一思想、分析形势、讲明道理,明确了班组精神,并围绕与分部的生产经济责任承包合同,和组员建立了责任关系、信任关系以及互动关系。工作中我及时调整组员不规范之处,将程序统一

奥运号

到客舱部服务手册标准上来。驻外期间我积极开展思想工作，了解每个组员的思想动态、业务素质和个人愿望，并签订了责任书。同时，我在组内进一步规范工作思路，与组员共同探讨客舱安全、分离器控制、空防要点和消除旅客投诉的方法。在此基础上，我还积极地开展英语学习的工作，下发了一个单元的学习内容，一字一句地向组员解读，使组员认识到外语在服务工作中的重要作用。现在，大家学习的热情高、兴趣足，收到了较明显的学习效果。通过一段时间的实践，乘务组已形成了凝聚力、向心力和工作合力。

二、党员要比群众明白，不能当文盲人

"形势喜人、形势逼人、形势不等人"，现在是科技时代、信息时代和知识超前时代，中国在变、北京在变、国航在变、客舱部也在变。"新形象，新感受，新客舱"，让人有紧迫感、危机感。

外语学习是我的重点，在分部的支持、组员的参与和同行的激励下，我勇敢地进行了尝试。说来也挺不容易的，人过中年才开始学外语，开始我有很激烈的思想斗争，自问：我行吗？我是不是在出风头？我把脸皮拉下来，自己认真学，可耳朵里还是听了点闲言碎语，什么发音不准啦，语法不对啦，甚至是出洋相啦……这些我都理解为善意的帮助，否则我就不可能有今天的收获，这就叫"实践出真知"。我是从一个词汇、一个词组、一个短句学起的，组员们都是我的外语老师，通过实践，我已能适应和处理工作中遇到的各类问题，我感到非常欣慰，这就叫干什么吆喝什么，让群众对我们党员从心里服气。

三、党员要比群众能干，不能当懒惰人

我真是很喜欢空中服务工作、很珍惜它。多年来，我一直是全勤，我觉得自己的身体挺棒的，执行任务中好班差班都没关系，我从无怨言。备份日有任务我主动去飞，让在城里住的同志们休息一下。飞行中，我真的不像老百姓说的那样，当"甩手大爷"，指手画脚，背着手挺着肚子看着别人干，我对自己是这样安排的：客人多，组员少，我顶岗在位；客人少，组员多，我穿插补位；大家工作，我负责擦厕所、补漏洞，同时在客舱与客人沟通了解情况、征求意见，以便碰上有问题时能够处理妥当。驻外长航线，不论客人多少，值班顶岗我有份，我不接受脱岗的"头衔"，开红白葡萄酒、帮助搬放饮料、推拉餐车，我都肯卖力气。我想，谁愿意和一个懒乘务长在一起工作呢？谁又愿意和一个懒人交朋友呢？

四、党员要比群众宽容，不能当自私人

大家能在一起共事，是一种缘分，时间长了相互之间有点误解摩擦是正常的，作为组里的领头人，就应该大度一些，以身作则，关心组员，要实事实

办。我和组员一起制定了组规,你不能只约束别人,自己除外,应该让组员有一种希望——和这个乘务长在一起工作挺有劲的。每个人都有自我实现的需求,如要求入党的,要积极培养;想当乘务长的,就积极督促他学外语、过中级、去金凤组,发现人才,我就积极向分部写推荐信介绍。通过努力,我们组先后培养了9名党员、12名乘务长、英语中级合格者28名。这实际上取决于本人的努力和党支部的重视,我只不过是牵个头、引个线罢了,我自己也在不停地学习和努力。今年初,《国际航空报》刊登了题为《外语真牛的空中先生》,介绍了我的学习和工作情况,给予我很大的鼓励和促进。我清醒地认识到,国航服务的发展需要全体员工的共同努力。作为一名老党员,我愿踏踏实实工作,为年轻人铺路架桥,为国航的腾飞奉献力量!

原载《国际航空报》2002.7.8

你这朋友我交定了

李春甫

CA1306航班正点从深圳起飞,目的地是北京,客座率一般。登机时,头等舱一排B座一位30多岁的男子引起了我的注意,对我的疏导和迎接没什么反应,也不出示登机牌,只顾自己找座位。

开餐时间到了,麻烦也就来了。头等舱服务员李晓玲向我报告,一排B座那位先生要求吃机组餐食,理由是他经常乘坐我们的航班,也几次吃了机组餐食。李晓玲很为难,既不能得罪客人,又不能因为一位客人而影响到对其他客人的服务。这种情况还真是头一次碰到。

我静下心来看了一下一排B座那位

紫宸号

249

客人，想了想，走到他身旁，这时他正在看报纸。我俯下身，低声说："先生，打扰您一下，听服务员说您要吃机组餐食，是吗？"他头也没抬，说："是的，我正等着呢。""我很抱歉，我们有规定不能把机组餐食给客人吃。"

他显然有些火气："你不要给我讲大道理，我经常坐你们的飞机。"同时还把手向上挥了一下，意思很明显。我的语气变得严肃起来："今天我要告诉您这个道理，表示对您的尊重。"他一听我的口气，抬起头来："您是干什么的？"我说："我是主任乘务长，负责为客人服务、飞机安全和客舱秩序。"他的态度有些变化："我过去乘几次你们航班，吃过机组餐食，他们都没有意见，您今天这是为什么？"我说："他们以前这样做是不对的，您是否能告诉我是哪天航班哪个服务员为你提供的机组餐食？"

他不作声了。我便趁热夸他说："您是头等舱客人，票价贵，餐食好，服务要求也高，这是对您的敬重。如果您有特殊情况可以告诉我，我们会给您想办法的。"也许是觉得自己的理由不够充分，他说："好了，我在地面已经吃了，现在还不饿，到北京还有朋友安排吃饭。"我看他态度缓和多了，便建议说："要不要再吃一点儿，不然，吃点儿水果？"他也变得爽快起来："行，吃点儿水果吧。"这时我们双方脸上都有了笑容。

航程后半段，我不时找他聊天，"生意怎么样"，赞许他"能干，事业有成"。快落地时我又主动告诉他北京的天气、温度和到达时间，他很感动，当即送了我名片，拉着我的手说："大哥，你这个朋友，我交定了。"

原载《中国民航报》2001.1

你好，空中先生

张红缨　董玉清

记得中央电视台《正大综艺》节目有一个提问："哪个行业没有男人？"一个观众马上回答说："空中小姐。"在人们的印象中空中小姐几乎成了空中乘务员的代名词。但是错了，听起来您可能不信，在国航的1500多名乘务员中却有近400名男乘务员，占总数近1/4。

男乘务员被大家尊称为"空中先生"。像女乘务员一样，除了在空中服务，还承担着飞机上的一些体力活、厨房、特殊情况如突发病人处理、制止酗酒,担负着空中安全保卫的职责,起着不可替代的作用。他们都是经过严格的选拔,是百里挑一、千里挑一选出来的。从上世纪70年代第一批部队战士到现在刚刚毕业的学生,年龄跨度近30岁,一代一代,像默默无闻的绿叶映衬着美丽的空姐。他们的故事同样精彩。

民航最早的一批空中先生是从部队转业的空降兵,李春甫就是其中一员。1954年出生的他16岁当兵,酷爱文艺,在部队时是文艺骨干,他作词、作曲的《女兵之歌》曾被刊登在军报上。在部队他担任过指导员,1978年来民航后,起初做空中保卫员,由于工作需要,改做乘务员,曾担任过副中队长、分部经理,现在担任主任乘务长。在工作中,他深感当个出色的乘务员不容易,尤其是飞国际航线,外国旅客多,高质量的服务仅有微笑、热情、周到和礼貌是不够的,必须学会和掌握一门外语,否则就谈不上高质量的服务。他是从A、B、C起步学的,"老师"是收音机。但飞行任务紧张,常常听不上课。这时,正好总队举办英语基础培训班,当时已经30多岁的他,和年轻人一起上课,为了加强记忆,他的业余时间几乎全部用来学习,很少看电视、陪妻子逛商场、陪孩子玩。所以,不管是航休在家,还是出差驻外;不管是航前,还是航后,只要有空余时间他就学外语,书和"随身听"走到哪儿带到哪儿,单词成了绕口令,总是不停地叨咕。他边学习边实践,机舱成了他练口语的课堂,以外国客人为他的老师,工作间隙就用英语与他们聊聊,开始是连比带画,很吃力,慢慢地就渐入佳境。他开玩笑说:"我有个特点就是脸皮厚、胆子大、不怕别人笑话。"功夫不负有心人,他目前已第一批通过民航"英语工程中级"考试,今年又获得"伦敦三一学院""GESE"考核证书,英语口语水平达到了五级。在同龄人中是个佼佼者。

他的座右铭是:学习和服务一样,只有起点,没有终点。后来他又自学了日语和法语。同一个机舱内有不同国籍的乘客,有的讲英语,有的讲日语,有的讲法语。遇到日本、法国客人,其他乘务员听不懂、解决不了的问题,都来找他。前段时间国航招聘了日籍乘务员用于日本航线的飞行。飞行准备时,他用日语与她们交谈、提问题,她们非常惊讶,睁大眼睛看着他说:"没想到乘务长用我们的语言为我们准备航线和业务知识,真太意外了。"现在,李春甫又开始学意大利语了。

原载《国际航空报》2000.12.25

李春甫,黑土地走出去的蓝天使者

李云起

在中国国际航空公司—洛杉矶的航班上,一位身着蓝天白云般制服的先生不时在客舱中为乘客服务。只见他时而用英语、时而用日语、时而用法语为来自不同国家的乘客解答问题。他亲切的问候,很快就赢得了乘客的点头赞许。他就是国际航空公司乘务部客舱经理——李春甫。他的事迹被《人民日报》、《欧洲时报》、《唐人报》、《侨报》等报所报道,被人誉为"高标准、高素质的国航乘务员"。

李春甫是绥化人,1970年底在空军空降兵部队当兵。1978年当了15年兵的他经严格的挑选,从连队指导员岗位上调到民航工作。仿佛天生与蓝天有缘,他一干近30年,把青春献给了民航事业。

李春甫刚到民航时,做空中保卫员,由于工作需要调任乘务员,曾担任过中队长、分部经理、乘务长。在浩瀚的蓝天云海中,他用对事业的忠诚和人格的魅力,为全世界不同国家、不同语言和不同肤色的乘客,架起了友谊的桥梁,展示了中华男儿的风采,成为国航系统具有代表第一代空中先生资格的人。

在民航服务工作中,李春甫深感当个好乘务员不容易,尤其是飞国际航线,外籍旅客多,不能在语言上很好地沟通就谈不上高质量的服务。所以,自进民航的那一天起,他就始终没有放松外语学习,不管是航休在家,还是

出差在外,不管航前,还是航后,只要有空余时间,他就看书学习。现在,他不但能自如地运用英语、日语、德语等几国语言与外国旅客交流,解决他们提出的问题,而且第一个、第一批在客舱部领导层荣获英语中级合格证书,英语水平达到了6级。现在他不但自己的外语学好了,还带动整个乘务组开展"英语工程"活动,用英语为旅客服务,拉近了乘务员与旅客的距离,服务质量大大提高,被国内外媒体和旅客群体所认可,称之为"国航传播文明的英语乘务组"。

几十年来,李春甫立足于客舱,学习语言,追求一流,热情服务,让旅客满意,已成为国航系统的一个标杆。他刻苦学习的精神让人感动,他不懈的追求让他成功。他第一个在全国民航客舱经理中能用英语、日语、法语、韩语、德语、俄语、意大利语、泰语等多种语言向乘客广播,并获得广播资格证书。

谈起自己崇高的职业,李春甫始终充满激情。但这个职业的艰辛又有谁能感觉到呢?乘务员工作长年在外,每年飞行200天以上,一次折腾十几个小时,而服务又不是简单的重复劳动,要面对不同的旅客,要针对不同的服务对象。总之,这项工作非精益求精不可,他代表的是国航的形象、中国在世界的声誉。他的微笑与服务,在国航的各条国际航线上获得了外国乘客的肯定与赞扬,成为国航第一个"空哥大哥大"。

李春甫从黑土地走向蓝天、走向成功,但他仍然热恋着养育着他的这片黑土地,家乡的父老乡亲是他永远的牵挂。他希望家乡明天更美好。

原载《绥化日报》2006.3.3

高标准的国航乘务员

——访国航主任乘务长李春甫先生

刘昶

言及航空界的乘务人员,人们的脑海里可能会立即出现"空姐"二字及其楚楚动人、笑容可掬的形象。殊不知,无论中外,平均每四位航空乘务人员中,就有一位是男性。对于他们,称呼似乎比较困难,称其为"空中先生"者有之,称其为"空哥"者有之,称其为"男空姐"者亦有之。然而,尽管旅客们对女性乘务人员的好感大大超过对男性乘务人员,但后者在飞行途中确确实实发挥了重要作用。记者在搭乘中国国际航空公司CA950航班赴华途中,采访了当值的乘务长李春甫先生后,对

欧洲时报
NOUVELLES D'EUROPE

原载《欧洲时报》1997.6.22

航空乘务工作又有不少新的了解。

今年42岁的李春甫从事乘务工作已有十八年的经验，已率乘务组飞过国航通往巴黎、伦敦、法兰克福、柏林、瑞典、罗马、莫斯科、瑞士、奥地利、中国香港、东京、新加坡、韩国、仰光、印尼、菲律宾、科威特、巴基斯坦、沙迦、亚的斯亚贝巴和美国、加拿大、澳大利亚等航线。

对于航空乘务员这一职业，李春甫先生有自己的看法。他认为，可以用几个"高"字来概括"国航"的乘务员。首先是职业崇高，李先生告诉记者，国航的乘务人员无论男女，都十分热爱自己的职业，虽然辛苦，却很自豪。这是个很多人羡慕的工作。以前多少有点神秘感，中国实行改革开放政策后，公开招聘航空乘务人员，外界渐渐地了解了这个职业。工作的性质为航空乘务人员周游世界提供了便利，每天都能接触不同国家、不同民族、不同肤色的旅客，眼界十分开阔。但也正是因为这种工作性质，乘务员上班无分东西、无分时间，飞来飞去，调整时差很不容易。常年在外，家里有什么急事，也无法顾及。尽管如此，希望从事这一职业者还是越来越多。于是，这一工作挑选从业人员的标准很高。"国航"企业化后，招聘乘务人员标准越来越高，长相、身高到知识面的要求甚高。现在许多空姐是大学毕业，外语水准也相当不错。通常，公开招聘的乘务人员，先要进国航训练中心，在模拟舱培训练手。再到国内航线试飞一年至一年半，然后才有机会飞国际航线。从职业角度而言，级别是乘务员水准的体现，"国航"的乘务级别从普通舱乘务员到公务舱乘务员、头等舱乘务员，再到乘务长、主任乘务长一共五级。因而，"国航"乘务员还有一高，即服务质量高。李先生介绍说，"国航"总裁殷文龙提出的企业口号"中国第一、世界一强"已成为全体员工努力的方向。为了与国际航空业接轨，"国航"与日航、国泰、韩航在乘务方面进行了业务交流，互换乘务员，不断改进服务。他颇为自豪地表示，"国航"的优质服务令许多旅客一生难忘，他本人就经常在航班上被人认出，对其服务记忆犹新。

曾经在中国空军服过役的李春甫高兴地说："同龄人中，很多人欣赏我的职业，的确，能够与不同层次的旅客交流是人生十分难得的经验。比起一些先前同在军队服役的朋友，职务更高者不少，但我更喜欢现在的职业。"

问及飞巴黎航线的感受时，他回答说，法国是"国航"在欧洲最早开辟的航线，他飞的次数较多。为了更好地为旅客服务，已经通过英语中级考试的这位乘务长，又在努力进修法语。有如此上进的男性乘务人员领队，"国航"的服务一定会赶上并超过国际先进水平。李春甫脑子里想的是这样，他的同事亦然。

为中日两国架起空中友谊桥梁

——中国国际航空公司九二五航班乘务组采访记

徐静波

時報

華語日刊
MANDARIN NEWS TIMES
發行所：株式会社日中通信社
〒176東京都練馬区豊玉上4-11-7名義ビル4F
TEL：03-5984-3216　FAX：03-5984-3152
振替口座　00190-4-146220
名義人：林保宏(日中新聞)
第199號　定價一部150円
星期一～星期五發行

原载日本《时报》
1997.9.29

以往一直迷信于美国西北航空公司的服务,去北京总爱搭乘那班在黄昏中起飞的灰色客机。然而每次乘坐,总会遇上一些不愉快的事,诸如空中小姐以时间不够为由拒绝提供机舱内免税商品供应服务,那批来自新加坡的空中小姐听不懂日语却又爱理不理讲中国语的乘客等,总落下不安与冷漠的之感。9月中旬,记者赴北京采访中共"十五大",特地选了中国国际航空公司的客机。在从北京返回东京的客机上,记者出其不意地对这架架起日中两国友谊空中桥梁的客机乘组人员作了一次突击采访。

乘务长额外赠送纪念品

真没想到,当记者采访完中共"十五大",正为没有时间购买"十五大"纪念品回日本送人而发愁时,中国国际航空公司从北京飞往东京的九二五航班的乘务员,却为每一位乘客准备了一只印有"庆祝中国共产党第十五次全国代表大会召开"金字的钥匙圈。记者起初并不在意这份纪念小礼品,但打开一看,却有一份意外和惊喜,我向分发礼品的一位空中小姐打听,能不能再要两个。那位姓张的小姐表示十分为难,因为礼品都是乘务长按乘客人数点好分发的,没有多余的。但她立即答应让我稍等,去请示一下。过三分钟,一位穿着制服的中年乘务员拿着两盒装有钥匙圈的礼品盒来到我的座位边,自我介绍说:"我是这个机组的乘务长,是先生您要这礼品吗?"记者点点头。他解释说:"很抱歉,我们本来规定给每一位乘客只赠送一份礼物,既然您这么喜欢,那我们再送您两只作为纪念。"说完,把两盒小礼品送到我的手里。记者因工作关系,常有机会去海外乘坐各国的飞机,本来客机赠送礼品就少,如今中国国际航空公司客机不但免费赠送礼品,而且还由乘务长亲自出面来满足像我这样一位乘客的额外要求,令记者好一场感动。采访也就由此开始。

共产党员机组的信任

在乘务长即将离去之时,记者从口袋里掏出了中国有关方面颁发的中共"十五大"采访证。就因为这张采访证,乘务长与我的距离一下子拉近了。乘务长名叫李春甫，从一位空军伞兵转业到民航，担任空中先生已经二十二年。这位来自中国东北农村，以初中文化程度自学了英、日、法三国语言，并获得大专学历的乘务长，是记者在多年乘机经历中相遇的唯一一位能用中、英、日三国语言同时作机内放送的乘务长。

记者提出想临时对乘务组作个采访，他犹豫了一下，还是爽快地答应了。于是记者有机会参观了这架中国最先进的波音七四七——四〇〇型双层大型客机的各个部位。这架客机有四〇八个座席，分头等舱、商务舱(二楼)、经济舱。整个乘务组有十八名空中小姐，另有四名机组乘员。记者提出能否参观一下驾驶舱，对于这个要求，李春甫乘务长不敢贸然答应，遇上劫机怎么办？但他还是与机长通了电话。机长叫刘金，是一位有三十多年飞行经验的老机长。他同意了我的请求。在我进入驾驶舱与他握手的时候，他对记者说："我为什么敢让您进来，因为相信您胸前持着的这一枚"十五大的采访证"。记者突然感到一种从未有过的信任感。这份信任感，竟来自于一位大型客机机长以自己的政治生命(万一被劫机)作抵押，而对于一位与中国共产党沾了一点儿边的外国新闻记者的由衷信任。记者问他："您是中共党员吗？"他点了点头，并告诉我："这个驾驶舱内所有人都是共产党员。"原来，日中航线是由一个共产党员机组担负着飞行重任。在采访中，记者注意到，这架客机中最出色的空中小姐，包括担负头等舱服务的空姐，都是中共党员。共产党员成了四百名旅客空中的保护神。

当记者返回客舱时，正巧碰上乘务长李春甫给一位睡着的婴儿轻轻地盖上一条毛毯，记者端起相机抢拍下了这个镜头。

空之行，国之情

陈 鹏

原载日本《唐人报》1997.12.15

最近因有急事回国，我偶然坐上了国际航空公司930航班，一系列的感触，使我不禁想执笔写下那洋洋洒洒的情思。在过去几年的旅程中,因为一直对国航持有偏见,所以始终搭乘日本和美国的班机,但正是这次的"偶然",改变了这许多年来的看法,使我亲身感受到了国航之情。事情是因一盒小小的药品引起的,在成田空港办理托运行李的手续时,发现了在我的行李中有一小盒易燃物品,工作人员要作废品处理掉。正在我左右为难之际,国际航空公司的工作人员出现在我的面前,问:"有什么困难,我们可以帮您吗?"这短暂但却亲切的话语,让我立刻感到一丝温暖。当听完详情之后,他提出了自己的建议:"不如让我们先替你保管吧,等您回来之后再取走,也免得造成浪费。"我当然很高兴地答应了,并为国际航空公司这种为乘客着想的精神所感动,问题就这样迎刃而解了,直至飞机起飞我都还在慢慢体味着这段温暖人心的小小片段。

飞机在空中慢慢行进着,正当倦意慢慢袭来之时,又一件小事打动了我。在我座位不远处,有一位不满两岁的小乘客,因烦躁而大哭大闹起来,这时只见空中小姐立刻拿来玩具和零食,亲切地和乘客一起哄逗起孩子来,小朋友看到有趣的玩具,终于破涕为笑,空中小姐才放下心离去,看着这平凡而感人的一幕,我不禁感触到中国的发展,国航也在变,再不能停止在过去的观念里。这时,广播又传出乘务长李春甫用熟练的三种语言简短介绍:"欢迎各位乘坐国际航空公司930航班,我们将真诚地为您服务,让您在这里度过一个愉快的空中之行……"那纯正的发音、热情洋溢的语调,不仅给我,也给中国乘客留下深刻的印象。最后我在下机之时,特意注意了一下,乘客之中有不少日本乘客,这说明我们的国航正以高超的飞行技术和乘务员热情周到的服务赢得各国游客的信任,为此,我特意和机组人员合影留念,并衷心祝愿我们的国航公司向更高的目标飞跃。

蓝天上的微笑与职责

——记国航乘务部客舱经理李春甫

阙维杭

CA986航班从旧金山国际机场起飞,稳稳地沿太平洋上空向西飞去,客舱内的播音器里传出浑厚、流畅的男中音:"女士们、先生们:谢谢您乘坐中国国际航空公司的航班……"那流利而带有磁性的英语、汉语播音庄重、亲切,在这几乎座无虚席的波音747宽体客机机舱内,穿着蓝

天白云般制服的空中小姐、先生们也开始紧张而有序地忙碌起来……

新闻职业的习惯使我对这一切产生了兴趣，趁隙问了声过道旁的一位空姐："请问刚才播音的是哪位先生？"

她随口答道："那是我们的领班李先生。"

片刻工夫，见一位笑容可掬、动作利落的空中先生在客舱内穿梭，回答一些有个别需要的旅客提出的问题，不时给推着餐点车的年轻空姐帮一把，望着他制服肩章上比其他空中先生多一条杠子的标志，我猜测他就是领班李先生。

巧得很，他也服务到我这一排座位边来了，热情地向我们介绍机上的各种服务项目，询问大家有什么要求，我乘机和他聊起来，一问正是本次航班的领班，也就是客舱经理李春甫。

在我们交谈的那一会儿，他也敏锐地观察着舱内旅客的状况，一会儿为前排一位晕机的老年妇女乘客送上药、水和输氧袋，一会儿又果断地处理了中舱一位婴儿吵闹的问题，为了不影响周围旅客的休息和旅行，他破例将婴儿及其父母安排到前面商务舱入座。

我对人到中年的李春甫说："刚才您的广播英语相当流利，真不简单。"他憨厚地笑笑说："那是自学的，咱原先文化低，既然干民航工作，不学就不行。"

李春甫是东北人，曾在武汉军区空军当过15年兵，其中包括跳伞兵，后来从指导员任上调到民航工作，一干又已20年，仿佛天生与蓝天白云有缘，他坦陈自己非常喜欢这份空勤工作。

最初，李春甫在航班上干的是空中治安工作，后来他自己要求做乘务，因为喜欢接触人，与各种各样的旅客打交道，从乘务员一直干起，如今当领班也已十多年了。他说心里话道：要当好乘务员不容易，尤其飞国际

航线,外籍旅客多,各种外语要求高,什么样的服务难度状况都可能出现。自己原先仅初中文化,没有一点外语基础,硬是自学,结合上电大进修等,先后学了英、日、法等几门外语,在不同的航线服务实践中随时学习掌握和提高外语水平。如今他一般的空中服务用语这几种外语已毫无问题,还参加了全国民航系统"中级英语工程"学习,1996年成为第一批通过考试获证书的学员。谈起刚才的广播,他腼腆地一笑:"都是练出来的,也是逼出来的,还有口音,请别见笑。"不过他也提起,实践锻练最重要,也顺便讲起机上的几位空姐学英语提高得很快,"如今民航引进了竞选机制,外语和其他服务的基本功谁都不敢忽略。"

李春甫谈起乘务员工作长年在外,每年飞行200天以上,即使在外休整期,他也要抓紧温习外语。(这次航班的一个月后他又飞来旧金山,我在他下榻的旅店房内也见到摊了满桌的英语教材及航务条例,他在用心"啃",那执著的精神也许正是他和他的乘务员们在空中为旅客提供上乘服务的保证。)

一次飞行连续十多个小时的高强度执勤,也使空中乘务员需要强健的体魄与心智。李春甫对此感受良多,"好的身体和优良的服务素质都重要",因此他平时就注意锻炼身体,至今保持了以前的部队文工团时形体训练的传统,哪怕在外休整,每天早上6时不到便起床锻炼,跑步做操,甚至练"梅花桩"。他不无自豪地说:"身体、知识都是自己的,有了这两条,工作上就能得心应手。"再看他虽人过中年却毫无发福的骨态,身板硬朗,手脚敏捷,连年轻人都有点美慕呢!

"打铁还得本身硬。"在领班的岗位上,李春甫一直以高标准严格要求自己,身先士卒,以身作则是最起码的,而他过去搞文工团、宣传工作的历练,弹拉唱跳都有几下子,与年轻人接触也颇和谐,因此每次和哪一个乘务组搭班出动,都"磨合"得相当好。

李春甫为自己能在号称"世界一强、中国第一"的中国国际航空公司服务而自豪。当然,"国航"上下如今也都意识到竞争性增强,与国际接轨的目标还要努力实现,在服务水准方面与新航、日航、泰航、奥地利等航空公司交流中寻找出的差距也需要尽快缩小,这一切都有赖于提高乘务部每个员工的素质。

李春甫愿意为提高"国航"的形象而进一步奉献心血,在蓝天上的不仅仅有微笑,还有崇高的职责!

甜酸苦辣，五味俱全

——记中国国际航空公司的小姐先生们

阙维杭

旧金山市田德隆区一家航空旅游饭店（前熊猫旅店）进出的

原载《侨报》1998.10.27

客人毕竟有点与众不同，那儿是中国国际航空公司空勤人员在海外的"家"。尽管那些机长和空中小姐、先生们住在这儿时大多一身便装，职业的特殊与修养依然令他们看起来总是气宇轩昂、精神焕发。

按照国际航空法规定的标准，空勤人员长途飞到多少小时后都必须休息几倍的时间才能继续执行下一个航班的任务，因此，目前一共有四个航班往返北京、上海、旧金山的国航空勤人员，总有几批交叉在航空饭店这个海外的"家"，休养生息。说休息其实主要是"倒时差"，从地球的另一端飞到这一边，十多个小时的航程在飞机上，况且也都得按各项标准操作与服务，时间紧、强度大。局外人都以为空中工作既舒适又浪漫，还可周游世界，实在是份美差，殊不知真正干上这活后心头也有一本难念的经。

记者曾接触过国航领班李春甫和他的那一班空中小姐、空中先生，谈起这份工作，真是既热爱又无奈。

李春甫（已担任十五年领班的经理级国航职工）：要当好空中乘务员不容易，首先要有敬业精神。"国航"的主要国际航线我基本都飞过，各种各样的国际旅客都碰上过，逼得自己努力学习英语、日语等外语，还要学会应付各种突发情况。

"国航"目前面临的竞争很厉害，"国航"安全一流是没话说的，已保持四十三年，名列全球第二位，但服务水准尚需提高，与国际接轨。我们与新航、日航、泰航、奥地利等国航空公司都有交流，也找出了差距；就是与上海的"东航"比，人家也有不少可取之处。

空中乘务员都很辛苦，平均每年二百多天在外，一次飞行折腾十

几小时,而服务工作又不是简单的重复劳动,有其内在的规律。现在开始引进竞争机制、效益挂钩,大家也有一定的"危机感"。总之,这工作逼得你非精益求精不可。语言要求也更高了,否则再出现被旅客所称的"哑巴服务",那就有损整个"国航"的形象了。空服员在外逛世界,看得多倒不假,但酸甜苦辣的滋味都有,最大的现实是顾不了家,心中常常内疚。今年6月我飞纽约,传来父亲病故的噩耗,也赶不及回去。像这样的问题谁都有可能碰上。

李静(空服员): 在外飞行常常照顾不了孩子,只能让爱人在家多担当些了,因此每次一回到家里,也顾不得倒时差休息,先想着怎么给孩子、爱人多补偿些什么的。

空中服务看似简单,其实很繁复,送餐送饮料之外还要尽量满足旅客的要求,有时碰上比较刁难的乘客实在难堪,不得不让领班和保安来"治"了。

其实空服员与旅客之间应是平等的关系,应互相尊重、互相体谅。

盛秀华(乘务长): 我们的工作很需要理解。每次飞航执行任务,同伴们齐心协力,又能获得旅客们的配合与认同,工作再累再忙也会有成就感。

这工作的劳动强度其实也强,就机舱内这么点空间,十几个空服人员要把四百人左右的旅客安顿好,数次进餐时间将餐食与饮料一一送到客人手里,吃完了再一一收回盘瓶等,碰上生病的旅客、闹哭的小孩儿或其他有特殊困难的客人,都得想方设法提供特殊服务。当然这对我们也是一种挑战。

高素质的国航乘务员

谭 明

在中国国际航空公司北京—洛杉矶CA986航班上,一位身着蓝天白云般制服的先生不时在客舱中为乘客服务。只见他时而用英语,时而用日语,时而用法语为来自不同国家的乘客解答问题、亲切

原载《人民日报》1999.2.22

问候,很快便赢得了乘客的点头赞许,他便是国航乘务部客舱经理李春甫。

为了与国际接轨,中国国际航空公司十分重视员工的文化素质培养,其中包括外语水平。李春甫带领的CA986航班的16位乘务员中,有4位大学生,还有4位乘务员英语过了二级水平,另有4人是成人高考、电大毕业生,她们的空中服务已经全都用外语与乘客交流,她们的微笑与服务,在国航的各条国际航线上获得了外国乘客的肯定与赞扬。

论"阳光心态"对于指导主任乘务长做好服务工作的重要性

李春甫

经过几代客舱人的努力,我部已进入到一个与时俱进、接轨国际的新时代,如工作信息网站的建立,各管理中心的分层定位,乘员走出去、请进来交融的探索,关注乘客感受到服务大体验的升级,都充分说明了新机制、新结构在新形势下对服务工作起着积极的推导作用,因此,摆在我们面前的新课题,更是紧迫的

任务就是：当一个什么样的主任乘务长，怎样当好一个主任乘务长。

一、以"阳光心态"确立职业形象的定位是首选

江泽民同志曾说过："国家的形象代表着国家的旗帜"。乘务长的形象也代表着他的素质，首先您可以定位一下自己的类型。激情型：思维有创意，工作有激情，学习有目标，生活有规律。稳健型：思想根基正，实干作风硬，对人讲忠厚，处事有个性。经验型：经历比较多，工作很执着，心中有底数，求稳少开拓。平淡型：不存进取心，很少动脑筋，优劣不沾边，工作随大群。这种型，那种型，现代最时尚的也是最需要的就是"学习健康创新型"，让我们共勉去追寻。

职业形象不仅需要外表的风范和气度，更需要内在的成熟和稳健，两者统一为最佳，它鲜明地代表着一个企业的商标和文化精神，所以我们千万不能低估一个主任乘务长的身价。我有这样的比喻：我的办公岗位太高了，高至九千、一万、一万一千米，超越珠峰；我们的管辖区域太宽了，上至高官，下至职员、工农商学兵、亚非欧美澳；我们的工区线路太长了，近则千八百公里，远则数万公里长，跨洋越海，洲际时差，惟我独尊，何人可比？主任乘务长是组织上为我们授的衔，他一肩担着责任，一肩担着标准，责任加标准的和等于形象。

职业形象不说便知，一看就知您工作的经历和产品档次，大家都是从一个普通乘务员走到如今的工作岗位上的，对职业形象的认识不必多言，可当我们冷静地检讨自我时，也确有不妥之处。试比较一下，精神饱满的和萎靡低浮的，学习求知的和保持现状的，注重体态的和未老先衰的，乐观向上的和牢骚自卑的，等等。自RM系统运行以来，对我们主任乘务长职业形象的要求更加严格,更加规范,这将要求我们身上要有风度,管理上要有力度,绩效上要有高度,所以说,职业形象要靠我们自觉地养成,不断地休整和完备。要让周边的群体所认同,而决不是装出来的,从而,我们要把自身素质的展示和工作标准的尺度,作为我们职业形象的出发点和归宿,抛开物价交换和情感抒发,理清人生的存在价值在哪里,有时,大家不妨和组员交谈、尝试一下,一举出某位主任乘务长的特征,组员就大约能猜出他是谁。比如爱学的、肯干的、要求严的、注重着装的、热心助人的;又如爱玩的、脾气大的、不注意小节的、对己不严的等等。这都充分说明,组员对我们非常尊重,让我们大家一起携手,努力追求,创立生存空间和工作铺垫,不妨当一把"大姐大和大哥大"。在三大航空集团公司中,国航是北京举办2008年奥运会的PARTNER,我们准备好了吗? 回答是肯定的。我们能! 我们行! ALREADY!

二、以"阳光心态"提高生活质量是时尚

我是这样理解的,"阳光心态"就是你对你所从事的工作的热爱,对工作对象——乘客的热爱,对自我人生价值的热爱,这种爱的反效应会给您的工作事业带来激情、灵感和成就,给乘客带来安全、温馨和满意,同时也给您人生带来青春、充实和精彩。

我务过农、做过工、当过兵,可那些事,许多人都经历过,但是我当了空中先生,却是多少同学、同事、朋友,乃至同龄人所敬佩不已的,真可谓不比不知道,一比方知骄。一次,我回老家探亲,多年好友在一起聚会,他们都是在家乡颇有事业造就和知名度的,我带了几瓶外国啤酒,畅饮之中,一位好友举杯赞许:"非常感谢春甫领着我们家乡人出国旅游了。"此时我心里一震,他们的期望值是何等的淳朴和现实,就我空中先生一职,已成为家乡政府和亲朋好友的骄傲。

我们的工作轮廓是世界性的,通过接触到不同肤色、不同语言和不同种族的乘客,了解到了广大人群和地域不同的风土人

情,如此这些对一个人来说是多么难得的良机呀!要说我们职业优秀乃至神圣,都有其道理可言,可话说回来,无论它千好万好终究还是对人的服务。人生中,喜怒哀乐,酸甜苦辣,都会给我们的工作带来问题,这完全是自然法则,无可奇怪之处,只要我们怀有"阳光心态",问题就会迎刃而解,我们的国家正处在社会主义初级阶段,有多少人能乘飞机呢?有的人一生可能就乘一次,可他会对您的工作印象牢记一辈子。在工作中,有时我们受到旅客的赞许、委屈和误会,这都是我们工作的特殊性决定的。告诉大家,我当过"爷爷",也当过"孙子"。一次,在送客时,一个中年男子抱着小儿子说:"和爷爷再见。"小孩认同:"爷爷再见"。我当时欣慰地接受了:"真乖,再见。"在场的几个乘务员都听到了。一次,飞沈阳,一个普通舱的客人登机前开了头等舱,我没接到通知,他拿着绿色牌子,坐在了1A,我上前需要确认一下,他立即火冒三丈,指着我的鼻子说:"你装什么孙子!"在场的几名乘务员也都听到了。所以,当"爷爷"和当"孙子"都不好受,我们应当从容乐观地面对,用我们的真诚和专业所赋予我们的理性去理顺和化解。任务忙一点,客人满一些,工作强度大,辛苦程度高,这些正是一个企业盈利的反映!如果相反,我们的工

协和飞机

资和福利又从何而来呢？大家冷静地想一想，到社会上去看一看，有多少企业为没有市场销路和资产来源，养活不了企业员工，导致企业倒闭和员工下岗，被市场淘汰。从这点上看，我们是多么幸运啊。至于我们工作的性质，使我们不能尽一个好妻子、好丈夫、好女儿、好儿子、好母亲、好父亲的孝道，也实属有些愧疚。可我们牺牲了小家，为了大家，有很多感人的事迹已被搬上银幕和新闻媒体，在社会上引起强烈的反响。空哥、空姐不但被人羡慕，更让人敬佩，同时，我们要感谢支持、理解、奉献给我们蓝天使者的亲人们。

毛泽东喜爱唱京剧、邓小平喜爱打桥牌，这些都表现出一个伟大人物对人生的乐观态度，而我认为乐观主义就是"阳光心态"，这在我们开创和建设伟大国家之中起着重要作用。我们应当成为"阳光心态"的受益者，让我们伴随"阳光心态"，保持人生青春的活力、家庭幸福美满的活力、工作旺盛有为的活力，"阳光心态"有其保健美容之功能，不亦乐乎！

三、以"阳光心态"激发多学语言是新思路

语言包括语言艺术和语言种类。语言艺术即沟通技巧，应该成为我们提供优质管理的关键要素，我十分赞赏李家祥总裁对干部综合素质的要求，即"站起来能讲，坐下来能写，干起来能行"。所谓表达能力就在于此，比如出港准备会，由于RM系统的运行，我力争把它开成一个学习的会，交流的会和动员的会。思路要清晰，主题要鲜明，重点要突出，方法要灵活，用语

言艺术和激情感召带动组员对完成任务有信心，我对组员TRUST，组员 CONFIDENCE ONESELF，从而达到 BELIEVE EACH OTHER，同时明确客舱责任人是我，出现特殊情况的解释权在我，鼓励组员放开工作，有不懂的找DAVID，遇到麻烦找DAVID，特殊情况的广播DAVID负责，这样一来，组员在工作中将更加自觉、自信和自立。有的组员说，DAVID如此做法，我们将更加做好自己的事，这种方法按电视剧《刘老根》的说法叫"激励机制"，哲学上叫"反向思维"。对客人语言的艺术更加重要，人文服务就是人情服务，以情取胜。

情有刚柔之分，先说"柔"：一次飞CA925航班，一位组员不小心推车轧了一位女客人的脚，她自己解决无效报告了我，我立即赶到，一看客人大脚趾都开口出血了。我二话没说，到厨房用一块毛巾包上冰，马上亲手帮她敷上止痛；同时要求乘务员赶快拿来消毒棉，帮她清洗消毒，我一边做一边抱歉地说："由于我们的工作失误给您带来痛苦，请您批评。"我的一连串举动，使这个客人反而不好意思了，她说："没事，我自己来，您的组员也是无意的。"事后，我又告诉她，请记住我们，记住这次航班。我看得出她真的很满意。

再说"刚"：一次飞机落地滑行时，一中年男子从后舱一直走到L2门，4、6号乘务长都没劝住，我用广播劝他他也不听，我立即到L2门指令他："马上坐下！"显然声音强硬。他反问我："你是什么态度！"我更强硬地说："为了你的安全，你还要什么态度！"他只好就近坐下。我低声告诉他："我在执法，保护你的安全。"他点头接受了。下机时，他握住我的手说："大哥，不好意思。"

语言种类，就是多学几门外语，工作方便。几年来，我下功夫在语言方面探索了一下，目前我已基本掌握了英、日、意大利、俄、法、韩、德、泰和粤语的问候语、服务语和安全提示语，从而使我和客人融洽了情感,拉近了距离,增强了信任,建立了友谊。大家可以反思一下一个外宾讲中文的感觉:你好,谢谢,再见。虽然不标准,是不是有很亲近的感觉?相反,外宾也是一样的心情。外宾登机时,一看相貌和言谈举止,我即能反应出他们是哪国人,立即用该国语言问候,效果甚佳。一次在莫斯科过关时,别人都过了机器,到我时,我向工作人员问好,他一惊,然后让我从这边走,我向他说谢谢和再见。又一次在天瑞加油时,一个外宾和加油工说不清,我立即过去帮忙,当我得知他是德国人时,即用德语问好,他脸上马上露出喜悦,开车时还和我招手,说"谢谢,再见"。

工龄、年龄、经验已不是优势,知识、能力、健康才是优势。大家的条件和智能都差不多,就看谁更勤奋,更钻研,更努力实践。领先一步是财富,落后一步背包袱;做事不超前,事事有困难。同样的工作干得出色那才叫事业,主任乘务长这个岗位是国航生产的最前沿,产品营销的直接经营者和管理者,是受到企业信任、员工仿效和乘客信赖的责任人,此岗也能集中展示出一个人的人格、才华、敬业精神和"阳光心态"!

原载《客舱之窗》

附 录：

李春甫三十年乘务工作简历

姓 名	李春甫	英文名	David	参加民航工作时间	1978年12月
学 历	大 专	英语程度	听说五级	专 业 技术 职 务	高级主任乘务长

工作经历	30年乘务生涯中,曾经先后为党和国家领导人万里、李鹏、乔石、刘华清、李岚清、罗干、荣毅仁、田纪云、钱其琛、曹刚川、班禅额尔德尼·确吉坚赞、铁木尔·达瓦买提、成思危、许嘉璐、霍英东、徐匡迪、陈奎元等服务过。 　　在30年的国航客舱服务工作当中,历任中队长、分部经理、主任乘务长、高级主任乘务长。
管理经历	1987年担任乘务大队三中队队长期间,在民航开展6个机场、8个窗口劳动竞赛中获得乘务大队评比第一名。 　　在1990年担任二分部经理期间,乘务大队开展"迎亚运和三热爱"劳动竞赛中获得乘务大队评比第一名。 　　在从事30年的乘务工作中,从未疗养过;30年的29个春节中,共有26个春节在执行航班任务中度过。
外航学习经历	1989年11月,去新加坡航空公司学习交流。 　　2003年8月,去德国汉莎航空公司学习交流。

业余爱好	除喜爱梅花站桩和做动感健身操外,还喜爱唱民族歌曲。如郭颂老师的东北民歌《农家乐》;刘斌老师的《咱当兵的人》和《咱当过兵的人》;阎维文老师的《举杯吧朋友》和《说句心里话》、《人间第一情》;张也老师的《走进新时代》;还有郁钧剑老师的《什么也不说》;蒋大为老师的《在那桃花盛开的地方》、《敢问路在何方》、《献身四化最风流》;李双江老师的《再见吧妈妈》、《我爱五指山,我爱万泉河》、《红星照我去战斗》;彭丽媛老师的《在希望的田野上》;李光曦老师的《祝酒歌》等。 　　另任:中国民族管弦乐协会会员(专业演奏员)
媒体报道	杂志:《中国民航》、《今日民航》、《中国之翼》 　　报纸:中国民航报、国际航空报、人民日报、日本侨报、欧洲时报、美国侨报、北京晚报、新京报等 　　电台:中央人民广播电台

用情用心 敬业勤奋

——贺《中国空哥》倾情问世

毕化霄

摆在面前的是一部装帧精美的《中国空哥》的清样。展读之后,感慨良多,深感这部著作有着许多不同凡响之处,概括地说,它有如下一些特色——

作者是一位从"兵哥"到"空哥",伴随着改革开放30年而成长、成熟起来的一代民航客舱人的杰出代表。本书是他献给中国民航改革开放30年壮丽事业的一部感恩书、献礼书,同时,它又是一部热情讴歌我们这个伟大时代的华彩乐章。

这是作者用情用心(真情服务、用心服务;用心积累——以那种"聚沙成塔,集腋成裘"的精神)、呕心沥血著就的一部倾心倾情之作,字里行间充盈着浓浓的情、深深的爱。

这是作者积累了自己30年的空乘心得体会、人生感悟,以现身说法的方式,从感性到理性,从实践到理论,再经不断打磨、提炼、升华而成的一部有探索、有思考,并且充满了对人生、事业、生活、家庭进行高度概括和总结的回忆录、写真集。

由于作者的特殊身份以及他那超乎寻常的真情、才华和能力,在从乘30年间,他曾经多次被选派参与执行为我国国家领导人专机、外国国家元首专机以及一些中外代表团、访问

著名作家、编辑学家、本书校审
毕化霄先生

跋一

团服务的特殊任务,在本书中,作者鲜明而又生动地描述并展示了他与这些中外高层人物、文化名人、影视大腕、歌舞明星、体坛名将等人(当然也包括一些普通的国人和外国朋友)之间所发生的那些鲜为人知的轶闻趣事以及名人大家赠予的真迹墨宝,令人于欣赏之余,不禁心生艳羡、意趣盎然。

由于作者的职业特点使然,他几乎飞遍了五大洲众多国家的首都名城、旅游胜地,饱览了宝刹雅居、名山大川以及历史遗存,这些他都不失时机地用心地进行了记录和拍照,因而,在本书中,作者又生动细致地描述了他足迹所及的世界各国、各地区、各民族区域的旖旎风光、风土人情、奇闻逸事、异域情调、动人故事,读来令人眼界大开、见识陡长,因此可以说,这是一部以书养学、以学养德的生活教科书。

由于作者具有聪明睿智、热爱生活、爱岗敬业、善于发现、善于总结等等特质,他不知疲倦地日积月累地从不间断地挖掘、搜寻、整理、提炼出了诸多有关人生经验、生活知识、技艺诀窍、表演才艺、防身保健等等方面的真知灼见乃至绝技、绝招、绝活,这些宝贵财富,自然也成就了本书,使它成为一部名副其实的绝好的智囊书品。

本书语言朴实无华、简洁凝炼,犹如与人促膝交谈,读来令人感觉轻松自然、亲切实在;本书精编精印、图文并茂,展卷顿感赏心悦目、身心受益,堪称精珍之品。

总而言之一句话,本书既是普通人不可多得的必读生活教材,又是所有崇尚乘务事业,尤其是那些从乘人员学习、培训之必备教材以及参考、借鉴之范本。

以上浅见陋识,与读者诸君共享。是为跋。

2008年12月8日
于哈尔滨陋室"广益斋"

空哥三十年

这部由李春甫先生本人撰写的、记录他30年间的工作实况及其心得的回忆录，即将与广大读者见面了。从这洋洋洒洒三十余万字的记述中，我们看到了一位中国空哥的鲜明形象——他为了切实提高客舱服务水平，自学了8种语言，取得了11个学历及资格证书，这充分体现了一代空哥在改革开放30年里，在这个特定的国际窗口，在平凡的工作中，踏实、勤恳、刻苦的奉献精神。这部图文并茂的回忆录及翔实的业务记述是他个人无私工作的写真，也是我国民航系统客舱服务事业的宝贵财富。

●北京友邦律师事务所律师 赵光

衷心希望我国民航事业及客舱服务能够乘着奥运的东风，把中国人民的友好、中国的和平崛起以及和谐、辉煌的改革开放成果，通过更多的空哥、空姐在蓝天上的客舱服务这一特定窗口传播到五大洲四大洋，传播到全世界的各个角落。

李春甫先生家人
法律顾问：赵光

2008年11月16日

跋二

《中国空哥》即将出版了。这对我的一生来说是一件重大的喜事。说真的，直到现在我还觉得这是一件不可思议的事。因为就我个人而言，出书这种事，过去我连做梦都没有想过。

由于时间有限和本人写作水平不高，很难达到读者的要求，可30年的乘务工作让我手中的笔非常坚定和自信起来。我在书中所表达的，不是七彩的社会，只是我对客舱这个特殊的人生舞台和特殊窗口以及对中外乘客的热爱之情。

在这里，首先，我要感谢李家祥局长在百忙中为本书题写书名；感谢王竹报主席为本书作序。

其次，我要感谢中国民航杂志社社长兼总编李石文先生，他的首次报道把"英语乘务组"的声名远播中外，他还对本书的出版做了很多有益的指导；感谢老领导康淑琴副主任、牛朝荣书记、国航工会陈邦茂副主席和客舱服务部党委李晓龙书记为本书题词。

再次，我要感谢本书的总策划、家庭生活指南杂志社暨当代旅游杂志社的李岩社长兼总编，他为本书的成功出版立下了汗马功劳，可以说，若没有他的精心设计与编辑，以及对出版全过程的每一个环节的悉心关顾，就不可能有此书的顺利问世；感谢本书的装帧设计关山、李春晓二位老师，他们倾情相助，付出了很多辛劳；感谢著名作家、编辑学家毕化霄先生为本书进行了认真的校审，而且还在繁忙的工作中抽挤时间为本书做跋；感谢赵光先生也为本书做跋；感谢本书的责任编辑周然毅博士，他的高屋建瓴的见解提升了本书的品位；张孝军、周庆祥、王昕、静伟、李晓满、王妮娜、罗彦坤等记者朋友，对本书也从多方面给予了很大的帮助，在此一并表示感谢！

同时，还要感谢我的空降兵战友们——傅尚达、武久一、李云起、侯晓昌、任建忠、窦福杰、刘佰纯、孙志、全庆斌、李祥、郑仁等，感谢他们在各个方面给予我的支持、指导和帮助。

最后，还要感谢我的亲人们——妻女、哥哥李旭光、姐姐李淑贤、外甥孟庆峰及其爱人李瑞艳、外甥女杜飞樊、外甥郭星给予的鼓励和支持。

对于书中存在的问题和不足，请领导和同行们给予批评指正。

李春甫

2008年12月